Matthias Drescher
Die Zukunft unserer Moral

Matthias Drescher

Die Zukunft unserer Moral

Wie die Nächstenliebe entstanden ist und wieso sie den Glauben überlebt

Tectum Verlag

Matthias Drescher
Die Zukunft unserer Moral
Wie die Nächstenliebe entstanden ist
und wieso sie den Glauben überlebt

ISBN: 978-3-8288-4275-5
ePDF: 978-3-8288-7187-8
ePub: 978-3-8288-7188-5

Druck und Bindung: docupoint GmbH, Barleben
Printed in Germany

Besuchen Sie uns im Internet
www.tectum-verlag.de

Bibliografische Informationen der Deutschen Nationalbibliothek
Die Deutsche Nationalbibliothek verzeichnet diese Publikation in der Deutschen Nationalbibliografie; detaillierte bibliografische Angaben sind im Internet über http://dnb.d-nb.de abrufbar.

Inhalt

Ein möglicher Zusammenhang

Die Pflicht zur christlichen Nächstenliebe scheint unbestritten. Sie gilt noch immer als oberste Maxime unserer Gesellschaft, obwohl viele längst vom Glauben abgefallen sind. Auch die Abtrünnigen wollen dem alten Gebot weiterhin folgen – dabei erklären sie allerdings nicht, warum. Wir wissen somit nicht, worauf der traditionelle Konsens heute beruht und ob er noch immer verläßlich ist.

Woher stammt der moralische Anspruch der Nichtgläubigen? Hatte Nietzsche recht, als er in den christlichen Werten ein „Ressentiment" der Schwachen erkannte? Oder liegt die Ursache wesentlich tiefer, und ist es womöglich die fehlende Hoffnung? Kommt die Nächstenliebe ausgerechnet von der Angst vor dem Tod?

Der nachfolgende Rückblick auf die Antike soll zeigen, daß diese Vermutung wahrscheinlich stimmt. In enger Wechselwirkung haben damals Griechen, Juden und Christen ihre Todesangst in Selbstlosigkeit verwandelt. Vom Christentum wurde die neue Haltung zum Kern der Lehre erhoben und bis in unsere Zeit getragen. Inzwischen hat die Religion zwar an Autorität verloren, dadurch ist aber die ursprüngliche Angst wieder erwacht. Sie stößt heute einen ähnlichen Gefühlswandel an wie im Hellenismus und stärkt das Liebesgebot auch ohne Glauben.

Die Angst könnte erklären, warum wir die Entwicklung kaum bemerken – denn wer denkt schon gerne an den Tod. Allerdings ist nichts so sicher wie er, und wenn die

Nächstenliebe auf ihm basiert, dann sollte uns das beruhigen. Die alte christliche Pflicht, der wichtigste Konsens unserer Gesellschaft, stünde auf einem unverrückbaren Fundament.

Griechenland oder Israel

Der Hauptstrang der europäischen Geschichte läuft über Griechenland. Philosophie, Demokratie, Theater, Naturwissenschaft, Rhetorik, Dichtung – es gibt kaum einen wichtigen Begriff unserer Kultur, der nicht dort geprägt wurde. Europa selbst, seine Sage und die Idee sind eine griechische Erfindung. Dazu paßt sehr gut, daß das Christentum im hellenistischen Teil des Römerreichs entstanden ist und daß es sich da auch zuerst verbreitet hat.

Ansonsten fällt es allerdings aus der Reihe, weil Jesus jüdisch ist und seine bekannteste Forderung ebenfalls. Schon in der *Tora* heißt es: „Du sollst deinen Nächsten lieben wie dich selbst. Ich bin der Herr" (Levitikus 19,18). Von den Griechen wirkt die neue Lehre erst einmal nicht beeinflußt, dafür ist sie zu nah am Alten Testament und ihr Gott zu ungriechisch. Außerdem beruht ihr moralischer Doppelkanon auf Liebe: Gott und den Mitmenschen solle man mit all seiner Kraft lieben. Die alte griechische Forderung nach Frömmigkeit und Gerechtigkeit übertreffen die Christen damit um einiges.

Um zu verstehen, was damals passiert ist, erscheint die jüdische Vorgeschichte also relevanter. Trotzdem ist es besser, zunächst der griechischen Spur zu folgen, weil das *Evangelium* ja nicht nur unter Juden Erfolg hatte, sondern überhaupt im hellenisierten Osten des Reiches. Offenbar waren die seelischen Bedürfnisse allgemein sehr ähnlich und durch die gemeinsame Kultur geprägt. Deshalb öffnete sich auch die nichtjüdische Bevölkerung dem Christentum und schien kein Problem mit dessen fremder Herkunft zu haben. Die Frage ist, was genau die hellenistische Zivilisation mit den Menschen gemacht hat und welcher entscheidende gemeinsame Nenner sich in ihr entwickeln konnte. Und da die Juden ebenfalls in dieser Zivilisation lebten, betrifft diese Frage ganz wesentlich auch sie.

Der Hellenismus selbst hat seine eigenen Wurzeln. Er entstammt der Kultur der griechischen Heimat, trägt sie in die von Alexander eroberten Gebiete und wird dadurch erst zum Hellenismus. Deshalb sind bereits diejenigen Besonderheiten im klassischen Griechenland interessant, die in der späteren Entwicklung mitgewirkt haben könnten. Zumindest die Verhältnisse in Athen sind ja gut überliefert – allerdings geht es nur um allgemeine Wesenszüge, nicht um einzelne Ideen oder Personen. Denn ob etwa ein Philosoph die Nächstenliebe schon früh propagiert hat, ist unwichtig, wenn er nur wenige beeinflußt hat. Wenn aber die Athener schon damals geeignete Sensibilitäten oder Überzeugungen hatten, dann könnte ein Zusammenhang bestehen, der auch für die Zukunft der westlichen Moral wichtig wäre.

Das klassische Athen

Griechische Besonderheiten

Von Homer, also aus der Frühzeit Griechenlands, gibt es so grausame Schilderungen wie diese:

> „Dem stach unter der Braue er tief in die Bettung des Auges,
> Stieß ihm den Augapfel aus; der Speer durchbohrte das Auge
> Bis in das Hinterhaupt, der setzte sich, breitete beide
> Arme aus. Peneleos schlug mit dem Schwerte, dem scharfen,
> Mitten hinein in den Hals und schmetterte nieder zur Erde
> Haupt und Helm zugleich. Es steckte die wuchtige Lanze
> Noch im Auge drin." (Ilias, 14, 493)

Töten und Sterben sind das große Thema der Ilias. Ihre Helden schicken unzählige Gegner und Nebenfiguren in den Tod, mitleidlos und schicksalhaft, aber auch ohne Hoffnung für sich selbst. Stellvertretend für alle steht Hektor, der größte Trojaner, dessen Leichnam sein Vater Priamos schließlich von Achill erbetteln muß. Es ist eine düstere Welt, aus der es kein Entrinnen gibt; nur, als größtes menschliches Glück, den flüchtigen Glanz, den ein siegreicher Kämpfer erwirbt. Auch wenn spätere Dichter das Schöne im Leben ausgiebig feiern, widersprechen sie Homer nicht. Seine Bilder rücken vielleicht in den Hintergrund, aber sie bleiben immer präsent. Jahrhundertelang sind sie Teil des Lebensgefühls, das auch sonst von den überlieferten Götter- und Heldengeschichten, dem Mythos, bestimmt wird. Zumindest leben so die Vornehmen, die sich als Nachfahren der Helden sehen, später aber auch die freien Bürger überhaupt. Die gesamte Hochkultur der *Polis*-Welt wird vom Mythos und von dessen Grausamkeiten begleitet. Sie werden auf Tempelfriesen und Vasen gezeigt, sind Thema von Gemälden und schwingen in der Schönheit von Götterstatuen mit.

Mit der Verfeinerung der Kultur wird die Darstellung eher noch schroffer, jedenfalls in Athen. Hier, in der größten *Polis*-Gemeinschaft, bildet sich die griechische Tragödie heraus. Der Mythos bleibt dabei omnipräsent, und zugleich intensiviert sich die Öffentlichkeit des Lebens außerordentlich. Da jeder Bürger daran teilhat und sein Wohl fast völlig von der Gemeinschaft bestimmt wird, leben die Menschen im Austausch miteinander und stellen sich den Anderen in einem Maße, wie es heute kaum denkbar ist. In der Agora, in Volksversammlungen und Symposien entwickeln sie eine einzigartige Fähigkeit, ihre Gedanken und Meinungen zu artikulieren, aber auch zuzuhören und dadurch fortwährend ihren Horizont zu erweitern. „Wir bilden uns entweder selbst ein richtiges Urteil über die Gegenstände oder beherzigen die Ratschläge anderer mit Einsicht." – so sagt es Perikles laut Thukydides und nutzt dabei selbst eine Grabrede für Kriegsgefallene noch zur staatsbürgerlichen Erziehung.

Allerdings hatte die Extrovertiertheit des Lebens wohl eine Kehrseite. Denn Extrovertiertheit bewirkt leicht, daß für das Persönliche wenig übrigbleibt. Es überrascht deshalb nicht und entsprach wohl dem „Comment", wie der Historiker Christian Meier schreibt, daß man die Gesellschaft mit Privatem nicht behelligte. Dieses dürfte überhaupt wenig entwickelt gewesen sein.

Weil es kaum lenkende Autoritäten gab, wurden die großen Themen fast ohne Filter vors Publikum gebracht. Die Tragödien, die im 5. Jahrhundert jährlich aufgeführt wurden, waren eine zusätzliche Steigerung der athenischen Öffentlichkeit und jahrzehntelang ihr besonderer Brennpunkt. Die Dichter standen im Wettbewerb um den Beifall des ganzen Volkes, zumindest der Bürger, der Frauen und der freien Ausländer. Deshalb vermitteln uns die Stücke viel davon, wie die Menschen das Leben sahen und auch von ihren Moralvorstellungen. Sie führen das düstere Panorama der Ilias und anderer Mythen weiter aus, mit existentiellen Fragen, aber ohne tröstende Antworten. Schuldig oder nicht, der Einzelne erleidet wehrlos die Launen der Götter. Diese konterkarieren einander und walten in der Summe als blindes Schicksal, ohne übergeordnetes Ziel. Entsprechend widersprüchlich sind auch moralische Pflichten, weil sie keinen Nutzen bringen und weil oft ebenso berechtigte, gegenteilige Positionen präsentiert werden.

Ein überragender und alles beherrschender Antrieb ist dagegen die Rache. Sie scheint selbstverständlich, notwendig und für das Publikum auch befriedigend gewesen zu sein. Jedenfalls schwelgen die Tragödien in Rachedarstellungen. Wie Medeas Rivalin am geschenkten Giftschmuck zugrunde geht, beschreibt Euripides geradezu genüßlich:

> „Sie flieht, vom Sessel aufgesprungen, ganz in Glut,
> Hinüber und herüber werfend Haupt und Haar,
> Den Kranz hinwegzuschleudern, doch fest hafteten
> Des Goldes Fesseln, und das Feuer loderte,
> Indem das Haar sie schüttelt', noch zweimal so stark …"

Unsere heutige Kernemotion Mitleid kommt seltener vor, zumindest innerhalb der Handlungen. Für das Publikum ist sie offenbar kein eigener Wert, sondern eher eine unvermeidliche Reaktion der Seele. Im Publikum selbst und für seine tragischen Figuren will der Dichter sie allerdings durchaus bewirken. Aber nicht als moralischen Selbstzweck, sondern, wie Aristoteles vermutet, um die Zuschauerseele anschließend genau davon zu befreien. Ebenso von der Furcht: Mitleid und Furcht gelten als besonders aufwühlende Gefühle, die durch die Inszenierungen zunächst provoziert und dann, in der *Katharsis*, überwunden werden sollen.

Aristoteles' Theorie erklärt vielleicht noch viel mehr: Die Griechen sind nicht nur gefestigt genug für die Tragödien, sondern auch für die Wahrheit des Lebens an sich. Die Grausamkeiten Homers und anderer Mythen, selbst in der

Götterwelt, erscheinen ihnen typisch menschlich. Sie fühlen mit den Opfern, so wie Homer uns noch heute mit Priamos trauern läßt, aber sie verurteilen die Täter nicht, und sie stellen Tod und Grausamkeit unbeirrt, in vielen Varianten künstlerisch dar. Ihre große Leidenschaft, das Artikulieren, hilft ihnen, auch die dunkelsten Gedanken einzufangen. Was andere Kulturen verschweigen und verinnerlichen, veräußerlichen sie und heben es auf die Ebene, die für sie am wichtigsten ist: die Kunst. Dort spielt es dieselbe Rolle wie Furcht und Mitleid in der Tragödie. Dementsprechend genießen sie das Schöne der Kunst ähnlich wie die *Katharsis* am Ende einer Tragödie. „Denn wir lieben das Schöne mit Einfachheit und wir erfreuen uns am geistigen Genuß ohne Weichlichkeit“ sagt Perikles. In jedem Fall sind Kunst, Kultur und Selbstverständnis für sie untrennbar mit den Abgründen des Lebens verbunden. Wir nennen das pessimistisch, aber es zeigt, daß ihre Lebensfreude so groß war, daß sie die Welt als Ganzes auskosten wollten. Die Hoffnungslosigkeit des Lebens erkennen und dennoch seine Schönheit genießen – in der Achten Pythischen Ode hat Pindar das so beschrieben:

> „Wir Flüchtigen! Was wir sind,
> schon sind wir's nicht mehr. Ein Traum
> Des Schattens, das ist der Mensch.
> Aber, kommt nur ein Strahl von
> Gott her, gleich ist es hell, und das
> Leben dünket uns freundlich.“

Die Wirkung des Mythos

Eine einzigartige Kultur, in vielem uns sehr nah und trotzdem schwer zu fassen. Besonders rücksichtsvoll, mitfühlend und insofern prächristlich war sie jedenfalls nicht. Wie könnte sie gleichwohl die Nächstenliebe gefördert haben? Vielleicht hilft es, zunächst zu verstehen, warum ihre Bilder Grausamkeiten so anders zeigen als unsere.

Heutzutage berühren grausame Darstellungen den Betrachter unmittelbar. Entweder als Nervenkitzel oder auch künstlerisch, dann allerdings als Provokation und sicherlich nicht durch Schönheit. Und wenn etwa Ernst Jünger ein Bombardement von Paris zum ästhetischen Genuß erklärt, erscheint das affektiert. In Griechenland dagegen sollten die Darstellungen nicht provozieren, sondern den Mythos beschwören und die Betrachter dadurch läutern. Deshalb dürfte ihre Grausamkeit für sich genommen nicht so stark gewirkt haben wie heute. – Nun könnte die heutige Empfindsamkeit eine Folge der christlichen Nächstenliebe sein. Dann wäre es nicht verwunderlich, daß die Griechen sie noch nicht hatten. Aber vielleicht war es ja umgekehrt – daß erst eine neue Empfindsamkeit zur Nächstenliebe geführt hat. Dann allerdings wäre es interessant zu wissen, wann sie sich entwickelt hat.

Bei diesen Griechen offenbar nicht, denn hier behielt die Ästhetik noch die Oberhand. Das heißt nicht, daß sie Mitleid und Furcht nicht empfanden, oder auch die Vergänglichkeit des Lebens, als „Traum des Schattens“. Sonst hätten sie all dies nicht ausdrücken können. Aber offenbar war die Resonanz relativ stumpf und die Gefühle klangen schnell genug ab, um das Leben, wie bei Pindar, bald wieder freundlich zu finden und um das Gleichgewicht des Schönen und den Einklang mit dem Mythos nicht zu gefährden.

Ihr Innenleben wurde so nicht gefördert. Dafür hätte es sich stärker von Götterglauben und Überlieferung abnabeln müssen. Denn das Ich besteht aus dem Widerhall des Erlebten und aus dessen Reflexion, und je stärker und länger diese erfolgen, desto mehr nimmt der Einzelne sich als eigenständige Person wahr. Entsprechend wird er mehr Mitleid empfinden, sowie Rücksichtnahme und Gerechtigkeitssinn entwickeln. In Griechenland stieß das eigene Erleben aber auf die überaus reiche Mythologie, deren Bilder die persönliche Reflexion behinderten. Zumindest im Vergleich zur hoch differenzierten Öffentlichkeit wurde die Entwicklung des Einzelnen stark gebremst. Gerade weil die Überlieferung so vielfältig war und Muster für fast alle menschlichen Erfahrungen bot, konnten die Griechen jahrhundertelang ihr Leben darin wiedererkennen und die Harmonie zu ihr suchen. Mit diesem Ziel betrieben sie auch ihre Kunst und empfanden deren Schönheit als Zeichen, daß sie den Einklang gefunden hatten.

Viel Öffentlichkeit und wenig Ich

Vom Innenleben kann der Anstoß zur stärkeren Sensibilität also nicht gekommen sein. Aber die großen Errungenschaften der Griechen lagen ja woanders: Ihr Schönheitssinn und ihre Kunst, Eloquenz und öffentliches Leben, auch die Demokratie in Athen waren kollektive Angelegenheiten. Tatsächlich wurden sie nicht nur gemeinsam betrieben, sondern gingen auch zu Lasten des Privaten und des Ichs der Menschen (und konnten womöglich nur so entstehen). Deshalb standen sich kollektives und individuelles Bewußtsein, die Gesellschaft und das Ich, ungleich gewichtet gegenüber: Der Einzelne hielt mit der Entwicklung der Gesellschaft nicht Schritt und bremste die Anpassung ihrer Moral.

Sehr deutlich wird diese Unwucht, wenn die Tragödien auch Feinheiten der Seele behandeln. Dazu würde man heute ein ausgeprägtes Innenleben der Hauptfiguren erwarten. Hinter den Theatermasken, wie sie die Griechen benutzten, fand aber nur wenig Derartiges statt. Die damalige Tragik entstand nicht, wenn komplexe Persönlichkeiten, sondern wenn Schicksale und Werte kollidierten. Kreon etwa zeigt zunächst keinerlei Zweifel an seiner Herrscherpflicht. Er versetzt sich auch nicht in Antigones Lage, sondern reagiert nur auf ihr Handeln, ebenso apodiktisch wie sie. „Wenn sie sich ungestraft das leisten darf, / Bin ich kein Mann mehr, dann ist sie der Mann!" Erst Teiresias öffnet ihm schließlich die Augen, so daß er nach wenigen

Zeilen ein Einsehen hat. Heutzutage würde eine solche Darstellung nicht reichen. Um heute eine tragische Figur nachzuvollziehen, braucht das Publikum den Zugang zu ihr als Person, am besten so nah und so differenziert wie es sich selbst erlebt. Damals dagegen genügte schon eine Maske, um die Position des Herrschers in dem Dilemma zu markieren – ein Innenleben erwartete noch niemand.

Die athenische Gesellschaft wirkt deshalb doppelt frühreif. Verglichen mit den Nachbarn, die ihr kulturell nicht das Wasser reichen konnten, aber auch bezogen auf den Einzelnen. Denn das Menschenbild der Dichter war vielschichtiger als die Selbstwahrnehmung der Bürger. Weil dieses Bild öffentlich präsentiert und diskutiert wurde und praktisch jeder Athener daran teilhatte, lebte der Einzelne zwischen zwei Welten, dem kollektiven Ideal des mündigen Bürgers und seiner privaten, althergebrachten Existenz. Ähnlich wie die raffinierten Dramen von starren Masken gespielt wurden, wurde das öffentliche Leben also von Menschen bestritten, deren Privatleben noch recht archaisch war. Besonders eklatant war das im Falle der Frauen, die ja (in männlicher Begleitung) auch an den Theateraufführungen teilnehmen durften.

Das Mißverhältnis am Beispiel der Frauen

Frauen waren in Athen zwar nicht verschleiert, aber bis auf wenige Ausnahmen unfrei und gesichtslos. Auch Bürgerstöchter erhielten kaum Bildung, heirateten früh einen wesentlich älteren Mann, verbrachten ihr Leben im Hause und gingen nur in Begleitung in die Öffentlichkeit. In seiner Grabrede für die Gefallenen hat Perikles folgende Worte für sie übrig:

> „Soll ich aber auch noch kurz erwähnen, was den Frauen wohl anstehen wird, die nunmehr im Witwenstand leben werden, so kann ich alles in eine kurze Ermahnung zusammenfassen. Es ist für euch schon ein großes Lob, nicht schwächer zu sein, als die weibliche Natur es mit sich bringt, und wenn unter Männern im Guten wie im Schlechten von einer Frau so wenig wie möglich die Rede ist."

Die Tragödie spricht trotzdem von Frauen. Sie stehen beispielsweise für das Bewahrende der Familiensphäre und für die weibliche Emotionalität, und sie kämpfen meistens gegen die Hybris und andere Verirrungen von Männern. Dabei entwickeln sie selbst oft männliche Züge und werden zu furchterregenden Rächerinnen. – Jedenfalls ein grelles öffentliches Bild und ein besonderes Mißverhältnis zur privaten Stille, in der ein Frauenleben tatsächlich verlief. Die Männerwelt der Griechen, die Dichter und die gebildeten Bürger hatten demnach eine differenzierte Vorstellung vom Wesen und von der Bedeutung der Frau, für sie selbst und für die Gesellschaft. Ihre Diskussion geht aber weit über die Wirklichkeit der Betroffenen hinaus, schon deshalb, weil die Frauen nicht mitreden konnten.

Dazu fehlten ihnen zuallererst die Gelegenheit, aber auch die Ausbildung und die entsprechende Selbstreflexion.

Diese Diskrepanz ist symptomatisch. Eine breite Öffentlichkeit, die Menschheitsthemen auf höchstem Niveau behandelte, wurde getragen von Menschen, die selbst noch im Mythos und Götterglauben lebten. Erklären läßt sich das vielleicht mit dem ungeheuren Aufschwung, den Athen genommen hatte, und mit einer Stimmung im Volk, die auch gewagte Gedankenspiele von Dichtern erlaubte. Zugleich hat die Intelligenz auf verschiedene Weise versucht, das Gefälle in der Gesellschaft zu überwinden. Die sogenannten Sophisten wirkten Ende des Jahrhunderts direkt, als Lehrer, auf den Einzelnen ein. Sie sahen den Menschen als Maß aller Dinge und säten Zweifel an den Göttern. Allerdings war ihr Unterricht teuer und kann nicht viele erreicht haben. Sokrates dagegen setzte unbezahlt, sehr öffentlich und noch direkter an. Er bohrte das Denken seiner Gesprächspartner mit Fragen auf und ließ sie eigene Einsichten gewinnen. Damit hat er die geistige Entwicklung Athens beeinflußt und war jahrzehntelang eine moralische Instanz. Trotzdem konnte auch Sokrates das Mißverhältnis nicht beheben. Er kam gegen die konservativen Kräfte nicht an und wurde 399 v. Chr. schließlich zum Tode verurteilt.

Nach ihm zog sich die Philosophie in ihre Zirkel zurück und diente vor allem der Ausbildung der führenden Schichten. Platon und Aristoteles haben sich offenbar weniger mit der Athener Bürgerschaft identifiziert; beide waren oft abwesend und haben den Mann auf der Straße wahrscheinlich kaum noch erreicht. Der Überschwang der perikleischen Zeit und die enge Einbindung des Volkes in die intellektuelle Entwicklung waren vorbei.

Der Beitrag des klassischen Griechenland

Als die Griechen mit Alexander nach Asien zogen, fühlten sie sich dennoch dem Rest der Welt kulturell überlegen. In Athen zeigen sich Selbst- und Traditionsbewußtsein, wenn etwa Statuen für Aischylos, Sophokles und Euripides aufgestellt oder die Tragödientexte verbindlich festgelegt werden (330 v. Chr.). Die Gebildeten nahmen weiterhin an der intellektuellen Entwicklung teil und bewegten sich in einer Grauzone zwischen Atheismus und abstraktem Götterglauben. Sie sahen sehr nüchtern, was im Leben anzustreben sei: „Sowohl die Masse wie die vornehmeren Geister bezeichnen es als die Glückseligkeit", sagt Aristoteles. Auf Glück zielt deshalb seine große Morallehre, die Nikomachische Ethik, in der Mitleid und Gerechtigkeit notwendige Mittel zum Zweck sind. – Die Masse hatte sicherlich denselben Wunsch, konnte ihn aber nicht so rational verfolgen. Dafür war sie dem Mythos und den damit verbundenen Ängsten zu sehr verhaftet. Vielleicht auf eine defensivere Weise als hundert Jahre zuvor, als der Erfolg der Stadt sie mitgerissen hatte und die großen Tragödien entstanden waren. Aber auch jetzt wurden noch neue Stücke geschrieben und auch die alten weiter aufgeführt. Überhaupt war die differenzierte Kultur der griechischen Klassik nun etabliert und wurde in Gang gehalten. Demokratie, Rechtswesen, Kunst und Festspiele – all dies bestimmte weiterhin das Leben des Einzelnen, selbst wenn Athen und ganz Griechenland durch Kriege und die makedonische Hegemonie einen Dämpfer erhalten hatten. Ein Leben, das jeder freie Bürger einüben und verstehen, und in dem er eine Vielzahl von Rücksichten nehmen mußte, um trotzdem die eigene Haltung zu artikulieren.

Hochkultur und archaischer Mythos, die laute und vielstimmige Öffentlichkeit und ein vergleichsweise stilles Ich. Aus heutiger Sicht paßt das nicht recht zusammen, aber so hatte es sich eingespielt. Die religiösen Opfer, Orakel und Prozessionen halfen dabei. Sie waren fester Bestandteil des gesellschaftlichen Lebens, erfüllten die Bedürfnisse der Bevölkerung und verbanden sie mit der hochentwickelten Öffentlichkeit, die sich, wie die Tragödie, zum Teil selbst aus religiösen Riten gebildet hatte. – Mythos, Riten, Kunst und Demokratie ergänzten sich und bewirkten miteinander ein ausgeprägtes Selbstbewußtsein, das auch die einfachen Griechen kennzeichnete. Sie waren, verkürzt gesagt, auf eine besondere Weise mündig, die sie anderen überlegen machte und die sie, mit Alexander, schließlich bis nach Indien brachte.

Was an dieser Kultur könnte nun die spätere Entwicklung der Nächstenliebe gefördert haben? Ihr Rachedurst ganz gewiß nicht. Das Mitfühlen dagegen wurde nicht betont, und auch nicht das Rücksichtnehmen: Im Unterschied zu Ägypten, beispielsweise, existierte keine allgemeine Armenpflege. Was sonst also? Wenn es schon ein Vorzeichen gab, dann war es das erwachende Bewußtsein. Nicht der Helden- oder Götterkult, sondern das Artikulieren und Philosophieren der Elite und eine gewisse Eigenverantwortlichkeit. Das, was Griechenland zum eigentlichen Beginn unserer Welt macht und was uns vertraut anmutet. So wie die damaligen Erkenntnisse noch heute unser Lebensgefühl beeinflussen, so haben sie auch in der Antike letztlich zu mehr Mitleid und Rücksichtnahme geführt. Die Dichter und Philosophen haben die Grundlagen geschaffen, aus denen eine neue Sensibilität erwachsen konnte. Allerdings hat die damalige Bevölkerung nicht reagiert. Sie hat sich vieles angehört und die Dichtungen genossen, aber deren Weisheiten nicht auf sich selbst bezogen. Die Menschen lebten offenbar noch eingehüllt von ihrer archaischen Überlieferung, dem Mythos. Er schirmte sie noch ab und bewahrte sie wie ein schützender Kokon vor den Erkenntnissen und vor den moralischen Forderungen der Elite.

Im Hellenismus

Die Umwälzung durch den Alexanderzug

Mit dem Überfall auf Persien konnten die Griechen ihre Stärke ausspielen. Den Schutz des Mythos aber, dem sie ihre Selbstsicherheit zu einem Teil verdankten, haben sie dadurch auf lange Sicht verloren.

Gut vorbereitet waren sie. Überlegen fühlten sie sich schon lange und gereist waren sie auch seit jeher, als Kolonisten, Händler oder Söldner. 401 v. Chr. hatten sich zehntausend für einen Umsturzversuch in Persien verdingt und waren – die meisten – auf abenteuerliche Weise zurückgekehrt. Dreißig Jahre später behauptet Xenophon in der „*Anabasis*", er habe damals seine Mitstreiter davor gewarnt, in Persien zu bleiben:

> „... wenn wir einmal gelernt haben, in Muße und Überfluß dahinzuleben und mit den schönen hochgewachsenen Frauen und Jungfrauen der Meder und Perser zu verkehren, wir könnten wie die Lotosesser des Heimweges vergessen."

Besser sei es, zunächst in die Heimat zurückzukehren, um zu verkünden, daß arme Griechen in Asien wohlhabend werden könnten und um sie dadurch, wie er wohl meint, zur Landnahme anzustacheln. Für die vielen politisch Exilierten waren die Aussichten auf ein leichteres Leben in Asien besonders verlockend. Auch der Athener Isokrates plädierte im vierten Jahrhundert mehrmals für eine Persien-Expedition, zuletzt gegenüber Philipp II von Makedonien.

334 v. Chr. hat dessen Sohn Alexander die Griechen schließlich mitgerissen, in seinen makedonischen Eroberungskrieg, der auch die früheren Invasionen rächen sollte. In wenigen Jahren konnte er die alten Kulturen Griechenland, Ägypten, Mesopotamien und Persien in einem Reich vereinigen. Er hat dafür die damalige Welt völlig umgestürzt und das Leben unzähliger Menschen verändert, sie aus dem vertrauten Umfeld geholt und mit Fremden zusammengeführt. Bereits im Heer trafen verschiedene Völker aufeinander, zunächst Makedonen, Griechen und diverse Balkanstämme, dann orientalische Truppen aus dem eroberten Reich. Zehntausende hatten so Umgang mit andersartigen Menschen und ihren Gebräuchen, häufig für etliche Jahre. – Noch dauerhafter wurde die Begegnung am Rande des Heerzugs, wo griechische Städte und Stützpunkte entstanden, meistens ein „Alexandria". Auch die schönen Perserinnen und noch exotischere Fremde lernten die Griechen dort kennen. Von Ägypten bis Indien waren es dutzende Neugründungen, mit *Polis*-Verfassung und griechischen und makedonischen Veteranen sowie oft auch Einheimischen. Sie dienten als Etappe für den Nachschub und wurden zunehmend zum Ziel griechischer Auswanderer.

Alexander hat die Vermischung der Kulturen rabiat betrieben, 324 v. Chr. mit einer Massenhochzeit von Tausenden seiner Soldaten und einheimischen Frauen. Zwar kamen weite Teile des Reiches kaum in Berührung mit den Eroberern, aber in den Kerngebieten waren die Oberschichten direkt betroffen. An vielen Orten, in einer breiten Schneise vom Mittelmeer bis hin nach Indien, hatten Griechen und Makedonen ihren Lebensstil eingeführt. Zumindest in den Stadtgründungen paßten sich die lokalen Eliten an und lernten dafür das Griechische. Sie brachten eigene Gebräuche ein, so daß sich unter Alexanders Nachfolgern allmählich eine griechisch geprägte Mischkultur entwickelte, der Hellenismus, wie ihn der deutsche Historiker Droysen genannt hat.

Die makedonischen Nachfolger, die Diadochen, haben sich zwar lange bekämpft, das Erbe aber – von Makedonien bis zum Persischen Golf – für Jahrhunderte in ihrer Hand behalten. Im Vergleich zu den Stadtstaaten waren die Diadochenreiche riesig. Für die vielreisenden Griechen ideale Aufnahmeländer und eine Erweiterung ihres Aktionsradius, mit Griechisch als Verwaltungssprache und eigenen Landsleuten im Heer, bei Hofe und in den neuen Städten. Weil im Mutterland zunächst Überbevölkerung herrschte, kam es zur Auswanderung nach Osten und nach Ägypten, das besonders attraktiv war.

„Denn alles was ist und wird, gibt es in Ägypten:
Reichtum, Sportplätze, Macht, schönes Wetter,

> Ruhm, Schauspiele, Philosophen, Gold, junge Männer, das Heiligtum der Geschwistergötter, der König rechtschaffen, das Museion, Wein, alles Gute, was immer Du willst und Frauen …"

So beschreibt es der Dichter Herondas in einem *Mimus*, einem Boulevardtheaterstück, am Anfang des dritten Jahrhunderts.

Zum Teil wurde die Auswanderung forciert, indem ganze Söldnertrupps angesiedelt oder auch Städte, wie etwa Magnesia, aufgefordert wurden, Kolonisten für eine Neugründung zu entsenden. Außerdem konnten immer wieder Tausende griechischer Söldner geworben werden, die später in den eroberten Ländern blieben. – Aber nicht nur die Griechen waren in Bewegung. Gelegentlich ging es auch von Ost nach West, wie etwa eine Umsiedlung von Juden aus Mesopotamien nach Kleinasien. Die Bevölkerung des ägyptischen Alexandria stammte aus über zweihundert Herkunftsorten, in- und außerhalb der Diadochenreiche. Manche von ihnen, auch Juden, waren ursprünglich Kriegsgefangene. Die meisten paßten sich der herrschenden Kultur rasch an, so daß – zumindest in Ägypten – Juden, Lykier oder Kilikier als Griechen galten und, wie diese, in privilegierten Gemeinschaften lebten. Eine facettenreiche Entwicklung, die vielerorts eine neue, kosmopolitische Gesellschaft schuf. Mit Griechisch als vorherrschender Sprache sowie der allgemeinen Erfahrung von Entwurzelung und von Konfrontation mit dem Fremden.

Die Städte

Die meisten Stadtstaaten im Mutterland wurden makedonisch beherrscht. Sie blieben aber fast alle bestehen und durften sich selbst verwalten, so daß der Alltag der eingesessenen Stadtbürger kaum anders war als zuvor. Die Besitzlosen und Nichtbürger hatten jetzt allerdings bessere Perspektiven. Für sie war das Auswandern eine alte Tradition. Viele *Poleis* hatten früher Tochterstädte an fremden Küsten gegründet und mit bedürftigen Bürgern besiedelt, Milet alleine über achtzig. Häufig war das in einer kollektiven Entscheidung der Bürgerschaft geschehen, die dann gemeinsam umgesetzt wurde, meist zusammen mit anderen, weniger engagierten Städten. Die Kolonien blieben rein griechisch und hielten Abstand zum neuen Umfeld. Zur Mutterstadt behielten sie oft enge Verbindungen und erteilten von dort stammenden Siedlern auch weiterhin ihr Bürgerrecht.

Nun, im Hellenismus, gab es bessere Möglichkeiten. Zum einen konnten die Armen als Söldner bei den Diadochen anheuern und sofort in einer Militärkolonie siedeln oder später ein Stück Land in den neuen Ländern erhalten. Oder sie konnten als Privatleute auswandern: nicht, wie früher, vorzugsweise in eine Kolonie der Heimatstadt, sondern jederzeit in die diversen Neugründungen und alten Städte in Ägypten und Asien, in denen Siedler erwünscht waren. Und zwar auf eigenen, unabhängigen Entschluß hin. Wer das tat, gab seine Heimat allerdings viel grundsätzlicher auf als die Kolonisten früherer Zeiten. Er wurde dabei nicht von gemeinsamen Beschlüssen, Orakelanfragen und praktischen Maßnahmen unterstützt und war am Zielort nur selten von Landsleuten aus der Heimatstadt umgeben. Statt dessen von Griechen und Makedonen aus ihm nicht vertrauten Herkunftsorten, von nichtgriechischen Migranten und von einer einheimischen Bevölkerung mit völlig fremden Sitten, Traditionen und unverständlicher Sprache. Entsprechend entwickelte sich eine neue Zugehörigkeit: kaum noch zur alten oder neuen *Polis*, sondern zur gemeinsamen Kultur. Man war hier in erster Linie Grieche, was jeden einschloß, der Griechisch sprach und der die panhellenischen Sitten übernahm.

Die meisten Auswanderer gingen in den Westen der eroberten Länder und dort in die bedeutenden Städte: Damaskus oder Antiochia am Orontes, das viele Athener anzog, und natürlich Alexandria. Zumindest dorthin kamen auch Veteranen, die das Land, das sie in Ägypten erhalten hatten, von Einheimischen bearbeiten ließen, und die selbst lieber in der Stadt wohnten. Antiochia und Alexandria wuchsen rasch zu Großstädten heran und entwickelten mit ihrer gemischten Bevölkerung eine urbane Anonymität, die selbst Athen bisher nicht geboten hatte.

Alexandria war eine Welt für sich. Was Herondas in seinem *Mimus* an Ägypten lobt – „... Reichtum, Sportplätze, Macht, schönes Wetter, Ruhm, Schauspiele, Philosophen, Gold, junge Männer ...“ – hier kam alles zusammen. Laut Strabon, dem Geographen, der die Stadt etwa 20 v. Chr.

besucht, war sie „gefüllt mit Baudenkmälern und Tempeln". Einige hunderttausend Einwohner auf relativ engem Raum, aber mit breiten, schachbrettartig angelegten Straßen und unzähligen repräsentativen Gebäuden – das hatte es in Griechenland nicht gegeben. Auch nicht die vielen Funktionen der Stadt: Hof, politische und wirtschaftliche Verwaltung Ägyptens, Ost-West-Handel, das Gelehrtenzentrum *Museion* und die Bibliothek – eine modern wirkende Bündelung von Politik, Wirtschaft und Kultur, durch die sehr verschiedene Menschen in die Stadt kamen. Händler oder Staatsdiener, aber auch griechische Literaten und Wissenschaftler, für die Alexandria der wichtigste Arbeitsplatz geworden war. Theokrit, selbst ein zugereister Dichter, schildert, wie zwei Frauen aus Syrakus das Adonisfest im Königspalast besuchen. Es sind lebendige Szenen aus dem Alltag in der großen Stadt, in denen zunächst über den Ehemann gelästert und dann die Dienerin beschimpft wird. Schließlich die Menge auf der Straße: „Götter! o welch' ein Gewühl! Durch dieses Gedränge zu kommen, wie und wann wird das gehn? Ameisen, unendlich und zahllos!" Gemeint ist die einheimische, ägyptische Bevölkerung, die aber, immerhin, nicht mehr kriminell sei wie früher. Besonders harmonisch war das Nebeneinander trotzdem nicht. Griechen und Makedonen bestimmten den Ton, und der war wahrscheinlich rauh für alle diejenigen, die kein Griechisch sprachen.

Eine vielfältige, rauhe Einwandererstadt also, ein wenig wie das New York im vergangenen Jahrhundert. Dazu paßt, daß auch zahlreiche Juden nach Alexandria zogen, wo bald fast so viele von ihnen lebten wie in Jerusalem. Bereits die ersten Ptolemäer sollen einhundertzwanzigtausend kriegsgefangene Israeliten in Ägypten angesiedelt und später freigelassen haben. Allgemein integrierten sich die Juden rasch, übernahmen Sprache und Lebensformen der Griechen, ohne die eigene Religion aufzugeben. Dadurch entwickelte sich Alexandria zu einem Zentrum des modernen, hellenisierten Judentums. Angeblich auf königlichen Wunsch wurde dafür die Bibel übersetzt, von 72 Schriftgelehrten, sechs aus jedem der zwölf Stämme, in genau 72 Tagen. Eine schöne jüdische Legende, die die Übersetzung in die „*Septuaginta*" rechtfertigen soll, sowie, wahrscheinlich, daß so viele Juden lieber in Ägypten als im Heiligen Land lebten und daß sie dort Griechisch sprachen und auch beteten. Jedenfalls lebten sie gut, mit nahezu den gleichen Privilegien wie die Griechen und machten durch ihren Erfolg die Diaspora auch für weitere Juden attraktiv.

In anderen Städten trafen ebenfalls diverse Kulturen aufeinander. Dadurch entwickelten sich besondere urbane Lebensverhältnisse, die für Neuankömmlinge ungewohnt waren und die deshalb gerne beschrieben wurden, wie in dem Stück von Theokrit. Über das flache Land wissen wir dagegen wenig, außer in Ägypten, wo unzählige Papyrusdokumente aus dem Alltag erhalten geblieben sind. Sie zeigen, daß das Leben dort ziemlich unverändert weiterging, auch wenn größere Landbesitzer jetzt oft Griechisch sprachen. Es gab Mischehen und aufstrebende Familien, die ihre ägyptische Herkunft manchmal kaschierten. Spürbare Neuerungen zwar, aber kein Vergleich zu den Verhältnissen in den Städten. Ähnlich dürfte es in anderen Regionen gewesen sein. Je weiter östlich, desto weniger Griechen und darum auch weniger Veränderungen, zumindest hellenistischer Art. Ein großer Stadt-Land-Kontrast folglich, bei dem die Städte für das wirklich Neue standen.

Der Verlust des Mythos

Krieg und Wanderungen, neue Staaten und Städte – in diesen Kategorien läßt sich das Geschehen gut schildern. Es sind sichtbare Entwicklungen, die schon in der Antike dargestellt wurden und die die Historiker seither beschäftigen. Das Bild ist ziemlich detailliert und weist bereits in eine Richtung: Wahrscheinlich haben die Griechen in den Umwälzungen des Hellenismus die Abschirmung durch den Mythos verloren. Dementsprechend dürften sie jetzt offener für die Reflexionen ihrer Elite gewesen sein und haben vielleicht mehr Mitgefühl und Rücksichtnahme entwickeln können.

Die äußeren Entwicklungen alleine können das aber nicht zeigen. Man müßte wissen, was den Zeitgenossen konkret widerfahren ist und, noch schwieriger, wie sie es empfunden und wie sie darauf reagiert haben.

Vielleicht hilft es, wenn wir uns für diese Betrachtung selbst in ihre Lage versetzen. Denn ebenso wie das klassische Griechenland erscheint heute auch der Hellenismus in mancher Hinsicht vertraut. In Athen waren es Demokratie, Kunstsinn, Philosophie und einiges mehr, im Hellenismus sind es die Lebensverhältnisse: die großen Städte, die kosmopolitische Bevölkerung, die Verwaltung usw. Athen und Alexandria ergänzen sich und nehmen, gemeinsam, viele Merkmale unserer eigenen Welt vorweg. – Deshalb können wir uns einen griechischen Auswanderer im Hellenismus durchaus vorstellen, in einer Situation, die weit weniger fremd wirkt als die seiner Vorgänger. Nicht mehr von der Gemeinschaft, ihren Vorbereitungen und von gemeinsamen Orakelbefragungen abhängig, sondern auf sich gestellt und für sich verantwortlich. Sein Ziel war keine Kolonie der Heimat-*Polis*, mit denselben Göttern und Mythen und vertrauten Familien, sondern Alexandria zum Beispiel, eine fremde, große Stadt, in der er auf unbekannte Griechen und Nichtgriechen treffen würde, ungewohnte Einheimische und alle möglichen Religionen.

Viel davon war ihm wahrscheinlich schon vorher klar. Auch, was er mit seinem Fortgang alles verlieren würde: das vertraute Umfeld, die Einbindung in *Polis* und Familienverband und die gemeinsame Verehrung der städtischen Götter und Helden. Ein solches Wissen wirft normalerweise Schatten. Denn wer wegzieht, hat nicht erst beim Abschied eine neue Perspektive, sondern bereits wenn er ihn plant. Wer weiß, daß sein bisheriges Leben bald vorbei ist, sieht es schon vorher in anderem Licht, erst recht wenn er den neuen Horizont vor Augen hat. Er wird sich deshalb innerlich von seinem Heimatort abgewandt haben. – Das alte Griechenland war von den Umwälzungen demnach mitbetroffen, obwohl sich äußerlich nur wenig verändert hatte. Während ein Teil der Bevölkerung ans Auswandern dachte, hatten die zurückkehrenden Veteranen zweifellos viel erlebt, so daß auch sie die alten Sitten mit neuen Augen sahen. Und die übrige Bevölkerung dürfte diese Entfremdung ihrer Mitbürger wiederum nicht unberührt gelassen haben.

Weiterhin können wir uns vorstellen, daß die Auswanderer im Osten zunächst verunsichert waren. Antiochia und Alexandria haben sie wahrscheinlich eingeschüchtert, durch ihre Größe, die Menschenmengen und die Anonymität; aber kleinere Orte werden auch nicht heimelig gewirkt haben. Womöglich eine karge Neugründung, umgeben von fremden Völkern und weit entfernt vom nächsten griechischen Außenposten. Wirklich Vertrautes, insbesondere ehemalige Mitbürger, fand der Auswanderer jedenfalls kaum, zu wenig sicherlich, um an den Alltag in der Vaterstadt anzuknüpfen. Dafür Griechen und Makedonen aus fremden Städten, mit anderen Sitten und, außerdem, einer ungewohnten Sprechweise. Diese, die *Koiné*, hatte sich im Alexander-Feldzug entwickelt, als Mischdialekt auf Basis des Athenischen, und war zur Umgangssprache geworden, die ein Neuankömmling erst einmal lernen mußte.

Es gab somit viel Ablenkung und wenige Ansatzpunkte, um die heimatlichen Traditionen aufrecht zu halten. Diese Traditionen waren, wie die Sprache, sowohl gesamtgriechisch wie lokal. Zu Hause, in Griechenland, gingen beide Ebenen ineinander über. Die *Poleis* hatten ihre eigenen Helden und niederen Gottheiten wie etwa Nymphen, sowie einzelne Schutzgötter aus den Reihen der Olympier, zu denen eine besondere Beziehung bestand – Athene in Athen beispielsweise, oder Poseidon in Korinth. Zusätzlich verehrten alle das gesamte olympische Pantheon und huldigten den wichtigsten Göttern auch gemeinsam, dem delphischen Apoll etwa oder Zeus in Olympia. Für die althergebrachten lokalen Kulte fehlten jetzt aber die ehemaligen Mitbürger. Vielleicht hat der Ausgewanderte trotzdem zu seinem Gott gebetet und ihm auch Opfer gebracht, aber das geschah dann ohne den Rückhalt einer Gemeinde. Und ohne diesen konnte er seine Frau (die vielleicht einheimisch war) und die Kinder sicher nicht für den eigenen Kult gewinnen, selbst wenn er persönlich noch lange durchhielt. Das heißt, daß die lokale Ebene der heimatlichen Überlieferung spätestens in der zweiten Generation wegbrach.

Ai Khanoum als Beispiel

Während die lokalen Kulte vergessen wurden, hat sich die generelle Verehrung der Olympier erhalten. So ist etwa im dritten Jahrhundert ein gewisser Klearchos fünftausend Kilometer weit nach Baktrien gereist, vom Apollon-Heiligtum in Delphi bis in eine abgelegene Neugründung, das heutige Ai Khanoum im Norden Afghanistans. Er brachte philosophische Maximen der sogenannten Sieben Weisen mit, wie „Sprich über alle gut“ und „Werde ein Freund der Weisheit“. Sie wurden am Heiligtum des Gründungsbeauftragten Kineas eingraviert und erläutert:

> „Diese weisen Worte der berühmten älteren Männer sind in der hochheiligen Pytho (Delphi) aufgestellt. Von dort hat Klearchos sie sorgfältig abgeschrieben und im heiligen Bezirk des Kineas so aufgestellt, so daß sie weithin glänzend gesehen werden.“

Der Haupttempel von Ai Khanoum war außerdem Zeus gewidmet, wahrscheinlich in Personalunion mit einem einheimischen Schöpfergott. Zusätzlich enthielt er eine Statue, die vielleicht einen baktrischen König darstellte.

Zeus und Apoll spielten folglich weiterhin eine Rolle. Aber sie wurden eingerahmt vom Gott der Einheimischen, von einer Herrscherstatue und, gewissermaßen, der Philosophie. Offenbar bedeutete der Verlust der lokalen Mythen und Schutzgötter eine Entwurzelung, die der Gründer-Kult des Kineas alleine nicht wettmachen konnte. Das ist aus heutiger Sicht verständlich. Denn so fremd uns die Mythen heute sind – es ist wenig plausibel, daß sie durch die kurze Geschichte der Kolonie ersetzt werden konnten. Daß also Kineas, der vielleicht ein königlicher Offizier gewesen war, die Bedeutung mythischer Gründungshelden wie Theseus oder Sisyphos bekommen würde. Aber auch die olympischen Götter waren geschwächt, weil sie mit der lokalen Überlieferung ebenfalls einen Teil ihrer Wurzeln verloren hatten. Sie fungierten noch als wichtigster gemeinsamer Nenner für die Kolonisten und wurden weiter verehrt, trotzdem ließen sie Platz für andere höhere Wesen.

Diesen Platz erhielten einheimische Götter und, oft aus Opportunismus, auch viele Diadochenherrscher. Beides half im Zusammenleben mit den Einheimischen. Es zeigt aber auch das Bestreben der Siedler, die frühere Geborgenheit wieder herzustellen. Für diesen Zweck war die Verehrung des Gründers Kineas übrigens ein traditioneller Schritt. Denn der Anführer einer Kolonistenexpedition wurde von den Griechen schon immer verehrt. In alten Kolonien hatte er eine echte mythische Bedeutung, wie Archias aus Korinth zum Beispiel, der als Nachfahre des Herakles galt und nach einem bewegten Leben im Jahre 733 v. Chr. Syrakus gegründet haben soll. – Es war nur eine Frage der Zeit, daß ein solcher Anführer zum Mythos wurde und daß die überlieferten Geschichten den Bewohnern wieder die Verankerung boten, die ihre Vorfahren in der Heimat einst hatten. Deshalb ist es verständlich, daß man in Ai Khanoum daran angeknüpft hat. Allerdings zeigt es auch den großen Unterschied: früher, etwa im Fall von Syrakus, verlief eine Koloniegründung in althergebrachter Form. Es gab eine besonders engagierte Mutterstadt – in diesem Fall Korinth –, die zunächst das Orakel befragte und einen Adligen bestimmte, den *Oikistes* Archias, der die Leitung übernahm und später verehrt wurde. Auch die neue Stadtgottheit war meistens diejenige der Mutterstadt. – Ein Muster somit, das selbst Teil der Tradition war und das die Übertragung der heimatlichen Kultur auf die Kolonie erleichterte.

Keinen dieser Schritte ist man für Ai Khanoum gegangen. Das Prozedere war obsolet geworden, weil sich die Verhältnisse völlig verändert hatten. Die Gründung ging von einem Diadochen aus, fand innerhalb des eroberten Reiches statt und baute auf einer bestehenden iranischen Siedlung auf. Sie erfolgte ohne Mutterstadt und erhielt offenbar auch keinen Rat vom Orakel. (Nur, nachträglich, das philosophische Mitbringsel des Klearchos.) Als *Oikistes* fungierte ein königlicher Beauftragter. Da die Siedler sicherlich aus verschiedenen Städten stammten, lag es nahe, den Göttervater Zeus zu verehren. – Wie bei einem Rezept, dessen originale Zutaten notdürftig ersetzt wurden, ging die frühere Wirkung des Prozederes verloren. Den Unterbau der griechischen Kultur, die tiefe Verankerung in ihrer örtlichen Überlieferung, haben die Siedler nicht mitbekommen. Gemeinsam konnten sie deshalb nur das panhellenische Erbe pflegen, sowie die Neuerungen, die sie miteinander entwickelten, auch zusammen mit den Einheimischen.

Der Mythos, der die Griechen wie ein Kokon geschützt hatte, ist in Ai Khanoum brüchig geworden. Anderswo wird er die Reise nicht viel besser überstanden haben. Denn im Westen und in den großen Städten kamen die Neubürger ebenfalls von überall her, die Vielfalt und die Präsenz der Einheimischen waren aber noch stärker und verwirrender. Keine guten Voraussetzungen, um nicht nur die panhellenische Kultur, sondern auch ihre lokalen Wurzeln zu verpflanzen. – Ein Neuankömmling wird diese Wurzeln noch vermißt haben, aber seinen Nachfahren waren sie wahrscheinlich gleichgültig. Sie kannten sie nicht und sie kannten auch den Rückhalt nicht, den der Mythos einmal geboten hatte. Trotzdem strebten sie offenbar nach mehr Sicherheit, mit neuen Lokalhelden, Herrscherkult, Alltagsphilosophie und insbesondere auch im Synkretismus. Die Olympier wurden häufig mit einheimischen Göttern verschmolzen, so wie vielleicht Zeus in Ai Khanoum. Sie profitierten dann von deren ungebrochener Überlieferung, so daß sie als Doppelgötter zu einem Bindeglied für die Gesamtbevölkerung wurden.

Die neuen Kulte konnten demnach erfolgreich sein. Sie sind aber eher ein Indiz für den Verlust der alten Geborgenheit, als für ein neues, stimmiges Weltbild. Dafür waren sie zu disparat. Gründungshelden, Herrscherkult und Synkretismus ergänzten sich nicht, wie früher Mythos und Götterwelt, sondern sie spiegelten die Unterschiede und Brüche im Leben der Menschen.

Folgen des Mythos-Verlustes

Ein neuer Kulturbetrieb

Im klassischen Athen hatte noch die alte, zusammenhängende Überlieferung geherrscht. Ihretwegen konnte das Volk den Reflexionen seiner intellektuellen Elite zuhören und trotzdem einigermaßen ungerührt weiterleben, so daß der Feinsinn der Dichter und Denker keine entsprechende Feinfühligkeit im Alltag erzeugt hatte.

Kam es also jetzt, weil der Mythos-Schirm durchlässig geworden war, zu einer Spätwirkung, so daß zum Beispiel die Nikomachische Ethik des Aristoteles befolgt wurde? – Dafür hatten sich die kulturellen Umstände wohl doch zu sehr verändert, obschon das Niveau auch in der Provinz weiterhin beachtlich war. Selbst in Ai Khanoum, am Rande der Welt, gab es eine Bibliothek, das *Gymnasion* und ein Theater für fünftausend Zuschauer. Aber das waren Äußerlichkeiten, wenn man bedenkt, was die Hochkultur Athens im Kern ausgemacht hatte: die fast uneingeschränkte Beteiligung des Einzelnen an der Öffentlichkeit. Sie hatte sich aus den Kulthandlungen ergeben, aus Umzügen und Festspielen für die athenischen Götter. Auch die Tragödien- und Komödienaufführungen waren ja Festakte zu Ehren des Dionysos. Insofern bildeten die lokalen Kulte die Basis für die innere Teilhabe der Bürger, speziell am Theater, und schützten zugleich wie ein Kokon vor dessen Aussagen. Somit hatte in der hellenistischen

Diaspora beides gelitten: der geistige Anstoß und der Schutz durch den Mythos. Und im Mutterland, wo die lokalen Kulte noch zelebriert wurden, konnte unter der makedonischen Herrschaft nicht mehr so frei diskutiert werden wie früher.

Dementsprechend harmloser wurde der Kulturbetrieb. Er fand zum Teil im *Gymnasion* statt, wo die Jungen Grundschulunterricht hatten und später sportlich und militärisch trainiert wurden. Außerdem diente es als eine Art *Country-Club* der männlichen Bürgerschaft, für Sport und geistigen Austausch – ein Bollwerk des Griechentums, in dem sich die herrschende Schicht traf. Der Bildungsanspruch blieb allerdings lange bescheiden; erst Mitte des zweiten Jahrhunderts richtete man allmählich Bibliotheken ein.

Das Theater verwandelte sich grundlegend, selbst in Athen. Die klassischen Tragödien wurden zwar noch aufgeführt, aber hauptsächlich die besonders effektvollen und oft nur in Auszügen. Es ging nicht mehr um existentielle und politische Fragen, sondern um Unterhaltung. Dafür spielte man auch neue Tragödien und Komödien, sowie ein derbes Volkstheater, den *Mimus*. „Der *Mimus* ist die Nachahmung des Lebens, das moralisch Zulässige wie das Anstößige umfassend." schreibt Diomedes, ein spätrömischer Gelehrter. Die Stücke waren griffig, wie bei der Beschreibung Ägyptens, und ungeniert, mit Themen wie Ehebruch und Kuppelei oder einem Betrunkenen, der vor der

Tür der Geliebten um Einlaß bittet. Zeitlose Sujets, die sich auch für Fernseh-Serien eignen würden.

„Nachahmung des Lebens" zur Unterhaltung – das war neu und trifft den Kern der Entwicklung doppelt. Die Leute wollten das sehen, was sie selbst erlebten und nicht mehr, wie es mit den überlieferten Geschichten zusammenhing. Dafür waren diese nicht mehr relevant genug. Und Unterhaltung statt Konfrontation mit dem Ernst des Lebens – das war die andere, grundsätzliche Konsequenz.

Keine Spätwirkung der Dichter und Denker demnach, eher das Gegenteil. Man machte nicht mehr mit, sondern wollte amüsiert werden, selbst in Athen, wo dafür neuartige Komödien entstanden. Wegen der Makedonen enthielten sie kaum noch Satire und politische Anspielungen; aber auch das Übersinnliche, die Wunder oder Götterauftritte waren jetzt selten. Von Menander (342–290 v. Chr.), dem bekanntesten Autor, ist einiges überliefert – harmlose Geschichten in realistischem Milieu, meistens über Liebespaare, denen ihr Glück lange verwehrt wird und die sich am Ende doch noch finden. Die Charaktere sind plausibel und amüsant beschrieben, während die Handlung eher banal erscheint. Trotzdem wurde Menander auch von den Gebildeten enorm geschätzt: „Menander und das Leben, wer von euch hat den anderen nachgeahmt?" fragt ein alexandrinischer Gelehrter. Die gleiche Wortwahl wie bei Diomedes, „Nachahmung des Lebens" – offenbar war das nun wichtig.

Realismus

Es hing dabei manches zusammen. Bisher hatte der ausgeprägte griechische Realitätssinn zwar die Elite und die Gesellschaft als Ganzes, aber weniger den einfachen Bürger bestimmt. Jetzt allerdings war der Mythos für viele verblichen, so daß sie die Wirklichkeit besser erkennen konnten. Dazu kommt, daß genau das auch dringend nötig war. Denn früher hatten die *Polis*-Traditionen nicht nur für inneren Gleichmut gesorgt, sondern auch das praktische Leben strukturiert. Das fiel jetzt ebenfalls für viele weg. Wer neu in eine Kolonialsiedlung kam, der war tief in der Fremde gelandet – was zumindest in den großen Städten überwältigend gewesen sein muß. Theokrit hat ja sehr anschaulich beschrieben, wie die beiden Frauen aus Syrakus Alexandria erleben. Sie kennen das Getümmel bereits und stehen sozial darüber, deshalb reagieren sie mit Arroganz. Ein Neuankömmling dagegen konnte sich Arroganz erst dann leisten, wenn er etabliert war. Dafür mußte er sich zunächst zurechtfinden und das eigene Umfeld verstehen: wer dort etwas zu sagen hatte, die Regeln, die Tabus usw. – die gesellschaftliche Wirklichkeit also, und je differenzierter, desto besser. Das galt für die Diaspora, so wie für die großen Hafenstädte des Mutterlandes, mit ihren vielen Reisenden und Rückkehrern. Es förderte einen realistischen Blick auf die Umwelt, objektiver als bisher, und zwar auf allen Ebenen der Gesellschaft.

Auf hoher Ebene, in der Wissenschaft, trug diese Haltung bald Früchte. Platon und Aristoteles hatten über *Techné* noch philosophiert, jetzt wurde sie gezielt entwickelt und zum Teil angewandt. Dabei halfen, aus eigenem Kalkül, besonders die Ptolemäer, mit *Museion* und Bibliothek in Alexandria, wo Geistes- und Naturwissenschaftler über Jahrhunderte forschen und lehren konnten. In breitem Spektrum von Philologie bis Astronomie, und auch durchaus wissenschaftlich, selbst nach heutigen Maßstäben. So hat etwa Eratosthenes den Erdumfang durch Messungen und nach Schlußfolgerungen errechnet, die heute noch nachvollziehbar sind. Er lag nur knapp daneben und bis in die Neuzeit hinein besser als die christliche Wissenschaft.

Individualismus

Auch wenn einfache Menschen keine Wissenschaft betrieben, kamen sie dennoch zu eigenen Erkenntnissen. Die wichtigste betraf sie selbst: daß sich in der Fremde niemand um sie kümmern würde, wenn sie es nicht selbst taten. Kein mythischer Held oder Schutzgott, weder Familie noch Familienverband. Schon die potentiellen Auswanderer nahmen sich verstärkt als eigenständige Person wahr und grenzten sich vom bisherigen Umfeld ab, was ihre Selbsteinschätzung und ihr Ich-Bewußtsein förderte. Es entstand ein erster Individualismus, erkennbar, beispielsweise, an den eigenwilligen Charakteren des Menander, und besonders am Glück seiner Liebespaare. Liebe ist der Inbegriff eines persönlichen Gefühls, und Menander hat diesem Gefühl mit seinen Liebesheiraten gehuldigt. Zwar war Liebe bei echten Hochzeiten wahrscheinlich nur selten im Spiel, weil Vater und Ehemann weiterhin das Sagen hatten – trotzdem hat sich das Publikum diese Art Glück offenbar so sehr gewünscht, daß es das Heirats-Happy-End wieder und wieder sehen wollte.

Erster Einklang mit der Gegenwart

Ein heutiges Publikum hat ähnliche Wünsche, und Liebesfilme enden normalerweise auch gut. Insofern stimmen die Menschen von heute und damals überein, in einem wichtigen Aspekt ihres Lebensgefühls. Das wiederum ist etwas Neues, denn im Verhältnis zur Klassik kennen wir, trotz der Hochachtung, die alle Welt für sie empfindet, eine solche Übereinstimmung noch nicht. Der Mythos war in dieser Zeit noch zu präsent, und Demokratie, Philosophie und Kunst alleine können keine unreflektierte Gemeinsamkeit im Volksempfinden erzeugen. Erst mit Alexander kam der entscheidende Wandel, durch Entwurzelung, Realismus und das neue Ich-Bewußtsein, wie bei Menander. Obwohl sie recht harmlos wirken, sind dessen Stücke darum ein wertvoller Mosaikstein. Sie zeigen den ersten breiten Einklang zwischen Antike und Gegenwart, speziell im Verständnis für Liebe. Folglich eine Bestärkung dieser Überlegungen, in denen es ja auch um Liebe geht – nämlich darum, wie die Antike zum Gebot der Nächstenliebe gekommen ist. Wenn der eingeschlagene Pfad stimmt, dann könnte er noch zu weiteren solcher Übereinstimmungen führen. Vielleicht wird er am Ende sogar zeigen, daß alle wesentlichen Gefühle und Vorstellungen, auf denen die Nächstenliebe aufgesetzt hat, noch heute lebendig sind. Das aber hieße, daß sie die christliche Moral auch immer wieder erneuern können, selbst ohne christlichen Glauben.

Mitleid

> *„Auf der Agora in Athen steht außer anderen Dingen, die nicht bei allen Menschen bekannt sind, auch ein Altar des Mitleids, dem die Athener als dem Gott, der am meisten für das menschliche Leben und die Wandlungen des Geschicks nützlich sei, allein von den Griechen Ehren erweisen." (Pausanias 1, 17, 1)*

Das Mitleid wurde zur Gottheit und bekam einen Altar mitten in Athen, vielleicht anstelle des Zwölfgötter-Altars, der seit jeher Verfolgten Zuflucht geboten hatte. Eine weitere Annäherung also an die heutige Emotionalität und eine beachtliche Karriere für ein Gefühl, das in der klassischen Tragödie noch überwunden werden sollte. Allerdings erfolgt sie nicht ganz überraschend, weil die Menschen realistischer und individualistischer geworden waren. Sie konnten sich selbst besser wahrnehmen und sich deshalb auch fremdes Leid besser vorstellen und entsprechend eher mitfühlen. So hatte es übrigens schon Aristoteles gesehen: „Überhaupt muß man hier ja annehmen, daß man wegen derjenigen Dinge, die man für sich selbst fürchtet, dann, wenn sie andere treffen, Mitleid hat." (Rhetorik II, 1386 a).

Trotzdem wog Mitleid moralisch nicht so schwer wie heute. Für Stoiker war es sogar schädlich, weil sie fanden, daß es die eigene Seelenruhe störe, ohne den Leidenden zu helfen. Und Menander soll es schlichtweg als Mittel zum Zweck empfohlen haben: „Von deinem eignen Schmerze lern das Mitleid, denn so erwirbst du dir der andern Mitleid." Auch sonst ordnet er das Gefühl recht nüchtern ein. In einer seiner Komödien tritt Habrotonon auf, eine Sklavin, die Mitleid empfindet und deshalb die Verwicklungen des Stückes glücklich beenden kann. Sie zählt allerdings darauf, daß sie dafür freigelassen wird – was die Figur offenbar realistisch machte. Mitleid galt vermutlich als plausibles und löbliches Gefühl, aber noch nicht als Muß, und alleine konnte es die gute Tat einer einfachen Sklavin noch nicht erklären.

Die Lücke zur Nächstenliebe

Man war also sensibler geworden, aber die Regeln blieben erst einmal dieselben. – Welt- und Selbstsicht hatten sich verändert und dabei Empfindungen gefördert, die wir als Hauptingredienzen der Nächstenliebe betrachten: Liebe und Mitleid. Sie wurden empfunden und gelobt und konnten ein Theaterpublikum begeistern. Die Leute waren sensibel, vielleicht auch sentimental und manchmal wirklich bewegt.

Aber – und das ist der wesentliche Unterschied zu heute – weder die Gefühle noch das Handeln nach ihnen waren Pflicht. Nicht Liebe und Mitleid, sondern Frömmigkeit und Gerechtigkeit galten als Kardinaltugenden. Fromm gegen die Götter und gerecht mit den Menschen – so sollten die Griechen leben und dafür wurden sie, beispielsweise, in zahllosen Grabinschriften geehrt, bis in die Kaiserzeit hinein. Es war die einzige Handlungsanweisung, die sich aus den Mythen und Göttergeschichten wirklich ableiten ließ, und sie war tief in der Bevölkerung verankert. Schon der frühe Dichter Hesiod hatte geschildert, was passierte, wenn man sie nicht befolgte, am Beispiel der Menschen des Silbernen Zeitalters:

> „… untereinander geraten sie durch ihre Selbstsucht in Streit und von den Göttern und ihren Geboten wollen sie nichts wissen, weil sie selbst klug genug zu sein glauben. So müssen sie zugrunde gehen: Zeus erfüllt ihr Geschick, sie sind für das menschliche Leben unbrauchbar.“ (Erga, 134)

Die alten Gebote herrschten noch und ließen die neue Sensibilität ins Leere laufen. Nur weil die Menschen jetzt mehr empfanden, hatte sich der Götterwille nicht geändert. Sofern also tatsächlich ein Weg von den Griechen zum Christentum führt – wie konnten dann Liebe und Mitleid zur Handlungsanweisung werden? Was hat die beiden Gefühle so wichtig gemacht, daß sie schließlich den uralten Doppelkanon der griechischen Ethik ergänzt haben? Oder, anders gefragt, wieso traf das christliche Nächstenliebe-Gebot genau dann auf die Griechen, als sie die dafür nötigen Gefühle gerade entwickelt hatten?

Der Anstoß zur Aufwertung der Gefühle

Empathie alleine hat keine moralische Qualität und dürfte, für sich genommen, die Menschen ethisch nicht angeleitet haben. Sie fühlten stärker, aber sie verhielten sich deshalb nicht besser, im christlichen Sinne. Selbst das Gegenteil ist möglich, denn auch Grausamkeit beruht häufig auf Empathie, und die römischen Gladiatorenkämpfe waren nicht fern.

Nein, um aufzusteigen zum Ausdruck des göttlichen Willens, mußten Mitleid und Liebe auch existentielle Bedeutung erlangen. Nicht nur als direkte Wirkung des wacheren Bewußtseins, sondern als Ergebnis einer tiefen Erschütterung, durch die beide Gefühle so aufgewertet wurden, daß sie die neue Moral ermöglichten. – Erschüttert wurden die Menschen durch die Angst vor dem Tod.

Diese Angst war damals akut. Denn wer, wie so viele im Hellenismus, sich selbst klarer abgrenzt und ein realistisches Ich-Bewußtsein entwickelt, der fragt anders und dringender nach der Zukunft als früher. Er malt sich sein Leben genauer aus und fragt schließlich, was denn kommen wird, wenn er stirbt.

> „… so ist der Sterblichen Weise, wenn einer gestorben.
> Denn nicht mehr halten die Sehnen zusammen das Fleisch und die Knochen,
> sondern die starke Kraft des lodernden Feuers vernichtet
> all dies, hat erst das Leben die weißen Knochen verlassen
> und ist die Seele entschwebt und flattert umher wie ein Traumbild." (Odyssee, 11, 218)

So antwortet Odysseus' Mutter, als ihr Sohn sie in der Unterwelt umarmen möchte. Es ist ein ergreifender Moment, ohne irgendeine Hoffnung. Odysseus' Besuch bei den Toten wirkt wie ein indiskreter Blick hinter die Kulissen, der das Bild des Hades für Jahrhunderte geprägt hat. So also mußte man sich den Tod vorstellen. Zwar galt das auch früher schon, inzwischen dachten die Menschen aber bewußter an sich selbst. Entsprechend trafen diese Gedanken sie viel härter – kaum anders wahrscheinlich als heutige Zeitgenossen, wenn sie ans Sterben denken.

Die allgemeine Angst vor dem Tod war sehr konkret geworden. Es ging um das eigene Ich, das in den flatternden Seelen der Mythologie wohl keinen Platz mehr finden würde.

Die Angst um das Ich

Offen wurde dieses Erschrecken wahrscheinlich nur selten gezeigt, so wie es auch heute kaum ehrlich ausgesprochen wird. („Der letzte Tag eines Verurteilten" von Victor Hugo ist eine große Ausnahme.) Damals hat Epikur (342–270 v. Chr.) das Nichts immerhin beschrieben, als Verlust der Wahrnehmung und „schauerlichstes Übel". Aber er zieht sich am eigenen Schopf wieder heraus, indem er fragt, wie der Tod uns denn schrecken soll, wenn wir selbst ihn gar nicht erleben werden: „… denn solange wir existieren, ist der Tod nicht da, und wenn der Tod da ist, existieren wir nicht mehr" (Brief an Menoikeus).

Überhaupt erkennt man die akute Angst kaum an unmittelbaren Zeugnissen, sondern an den Versuchen der Menschen, sich zu beruhigen. Als der Mythos-Schirm noch wirkte, waren nur wenige der Philosophie gefolgt. Jetzt, ungeschützt und in Not, suchen sie nach tröstlichen Ideen, und die neuen Denkrichtungen bemühen sich, diese zu liefern. Ein Zeitgenosse Epikurs namens Krantor begründet die sogenannte Trostliteratur und versucht darin, Hoffnung auf ein Jenseits zu wecken. Später, im Dialog des Axiochos, werden einem Kranken verschiedene Argumente gegen die Todesangst erläutert. Von diesen akzeptiert er nur Platons Seelenlehre, während der Kunstgriff des Epikur nicht verfängt.

Das zeigt ein Dilemma: gerade die zeitgenössischen Philosophen können nicht helfen, sondern verstärken noch die Unsicherheit. Die Nüchternheit Epikurs entspricht dem allgemeinen Realismus zwar am besten, sie eignet sich aber schlecht für die breite Bevölkerung, weil sie ihr kein Jenseits ausmalt. Auch die andere neue Denkrichtung, die Stoa, überfordert die meisten mit ihrer Lehre, in der sie empfiehlt, daß man sich gelassen als Teil der ewigen Vernunft betrachten möge. Während also früher die Denker nicht an das Volk heran kamen, nehmen ihre Nachfolger paradoxerweise Einfluß, indem sie die Menschen eben nicht beruhigen, obwohl sie es versuchen.

Platon, einer der Vorgänger, wirkt dagegen noch tröstender. In seinem Phaidon-Dialog läßt er Sokrates die Seelenwanderung so überzeugend darlegen, daß noch viel später ein Leser angeblich zum Selbstmord verführt wurde. Der Reinkarnationsgedanke war bereits zu Platons Zeit nicht neu. Er entsprach einer alten Nebenströmung der griechischen Religion, die schon früh die Unsterblichkeit der Seele vertreten hatte, etwa im eleusinischen Mysterienkult. Es erscheint deshalb konsequent, daß sich jetzt weitere, ähnliche Kulte verbreiteten, jeweils mit der Aussicht auf Unsterblichkeit, möglichst im Paradies. Besonders bezeichnend ist der Erfolg der ägyptischen Göttin Isis. Sie war für die Ägypter eine Muttergestalt, die unter anderem davor schützte, nach dem Tod das Bewußtsein zu verlieren. In Alexandria haben die Griechen sie mit Demeter gleichgesetzt, der Fruchtbarkeitsgöttin, die schon mit den Mysterien von Eleusis verehrt wurde. Der Isis-Kult verbreitete sich bald im übrigen Hellenismus, oft auch in Verbindung mit Aphrodite, und schließlich im gesamten Römischen Reich.

Es gibt viele Zeichen dafür, daß man an ein Leben nach dem Tod glauben wollte. So ist auf Grabinschriften oft nicht mehr vom Hades die Rede, sondern vom Sternenhimmel als ewiger Heimat der Seele. Zur eigenen Beruhigung wurde der verbliebene Mythos demnach ergänzt oder verändert, und auch in der Philosophie pickte man das Passende heraus. Wie wirksam das war, läßt sich schwer sagen. Ob die einfachen Menschen wirklich überzeugt waren, und wovon genau, und wie beständig sie dabei blieben – das ist schwer zu erkennen. Deutlich ist aber, daß viele unbedingt glauben wollten – und darauf kommt es hier an. Mit ihrer Suche nach Argumenten und Autoritäten zeigen sie die existentielle Angst dieser Zeit. Sie hatten in neuer Weise über ihre Zukunft nachgedacht und waren offenbar zutiefst erschrocken. Das aber heißt, daß sie jetzt die Erschütterung und fundamentale Leidenserfahrung durchmachten, die für die Weiterentwicklung zur Nächstenliebe nötig waren.

Ein neues Verständnis

Sie kannten jetzt die Angst vor der Vergänglichkeit. Deshalb begriffen sie auch vollständiger als zuvor, welches Los die anderen Menschen mit ihnen teilten und daß alle, ohne Ausnahme, dem Tod geweiht und vergänglich waren. Aus diesem Bewußtsein entwickelte sich ein neues, grundsätzliches und allgemeineres Mitgefühl. Denn wer einmal die Angst erlebt hatte, sah auch die Mitmenschen anders, genauso sterblich und bemitleidenswert wie sich selbst.

Schon Sophokles (ca. 496–406 v. Chr.) hatte dieses Mitgefühl für den Menschen als solchen beschrieben. Im „Ajax" läßt er es den Klügsten, Odysseus, für den vom Wahn geschlagenen Gegner empfinden:

> „... und er dauert mich
> In seinem Unglück dennoch, war er gleich mein Feind,
> Indem er so in schlimmes Unheil ist verstrickt.
> Ich denk' an mich auch, setz' an seine Stelle mich.
> Ich sehe daß wir nicht'ge Traumgestalten sind,
> nichts weiter, flüchtige Schatten, alle Lebenden!"
> (Sophokles, Ajax 121)

Ähnlich wie Odysseus konnten jetzt viele empfinden. Ihre bisherige, auf den Einzelfall beschränkte Empathie vertiefte und erweiterte sich und dürfte die Menschen sehr verändert haben.

Allerdings ließ sich das stärkere Gefühl kaum ausleben. Sitten und Gebräuche waren nicht darauf ausgerichtet, und untereinander wird man es nur selten gezeigt haben. Immerhin entwickelte sich der Begriff der Philanthropie, zumindest wandelte er sich genau in dieser Zeit. Bei Xenophon (ca. 425–355 v. Chr.) war Philanthropie noch die herablassende Milde der Mächtigen, bei Menander (342–290 v. Chr.) dann allgemeine Menschenfreundlichkeit. Im

„Griesgram", beispielsweise, ist Sostratos nicht wohltätig, aber zuvorkommend und hilfsbereit, und damit das genaue Gegenbild zur misanthropischen Hauptfigur. Dabei bleibt er ohne Makel, so daß seine Haltung tugendhafter wirkt als das einfache Mitleid der etwas berechnenden Sklavin Habrotonon.

Nicht jeder ist aber zum Philanthrop geeignet. Überhaupt haben die Menschen wahrscheinlich verschieden auf die neue Angst reagiert. Zumeist positiv empathisch, aber durchaus auch selbstmitleidig und womöglich grausam, um sich für die eigene Verzweiflung zu rächen. (Die spätere Mordlust des römischen Circus-Publikums wird so vielleicht verständlich.) Die Gesellschaft war auf die neuen Gefühle jedenfalls nicht eingestellt. Es gab keinen Anreiz für Mitleid und erst recht keine Pflichten, die darauf aufbauten. Auch nicht in der Religion: unter den alten Göttern konnte man schon immer ohne Mitgefühl fromm und gerecht sein, während Jenseitskulte die Angst gar nicht kennen wollten und somit auch keine auf sie gegründete Empathie.

Die Stoa

Die stoische Philosophie spielte eine besondere Rolle. Sie bot zwar keine echte Hoffnung, hat aber die Moral der führenden Schichten geprägt und indirekt wahrscheinlich auch die Bevölkerung beeinflußt. Stoiker strebten nach Harmonie mit der göttlichen Vernunft und daher auch mit den Menschen allgemein. Diese Haltung der Elite dürfte das Volk in seinem eigenen Mitfühlen bestärkt haben, zumal es die Philosophie dahinter wahrscheinlich nicht kannte.

Im Lauf der Jahrhunderte wurden die Stoiker anscheinend selbst vom Zeitgeist beeinflußt. Bei Seneca (4 v. Chr.–65 n. Chr.) heißt es: „… man muß für den anderen leben, wenn man für sich selbst leben will." Auch Sklaven solle man als ebenbürtige Menschen betrachten:

> „Willst Du nicht bedenken, daß der, den Du Deinen Sklaven nennst, aus demselben Samen entsprossen ist, sich desselben Himmels erfreut, ebenso atmet, lebt und stirbt (wie Du)?" (Epistulae morales 48 und 47)

Das klingt wie das Mitgefühl derer, die über die Vergänglichkeit erschrocken waren. Allerdings sucht Seneca dabei nur Harmonie, denn Mitleiden findet auch er, wie die früheren Stoiker, noch schädlich.

Die Stoa entsprach folglich der allgemeinen Sensibilität, ging aber nicht darüber hinaus. Selbst Seneca hat Liebe und Mitleid nicht zur moralischen Pflicht erhoben, selbst im unmittelbaren Vorfeld des Christentums nicht. Demnach hat auch die wichtigste Denkschule, die erst als Reaktion auf die Umwälzungen entstanden war, nur passiv reagiert. Dabei war der entscheidende Punkt inzwischen erreicht: das grundsätzliche Mitleiden war so verbreitet, daß das Christentum dieses Mitleid und die Liebe bald aufwerten und sie dem alten Gebot von Frömmigkeit und Gerechtigkeit zur Seite stellen konnte.

Bereit für eine neue Moral

'Was genau die hellenistische Zivilisation mit den Menschen gemacht hat und welcher entscheidende gemeinsame Nenner es war, der sie für Christentum und Nächstenliebe geöffnet hat' – so etwa lautete zu Beginn eine der Fragen. Nun waren die Menschen, nach allem was sie erlebt hatten, anscheinend offen für die christliche Moral, und die Frage ist damit beantwortet. Hier deshalb nochmals die wesentlichen Schritte, die sie so weit gebracht haben:

Im klassischen Griechenland war die Bevölkerung immun gegen die Aufklärungsgedanken der Elite. Erst Krieg und Auswanderung haben den Mythos im Hellenismus geschwächt und eine größere Wachheit und illusionslose Weltsicht bewirkt. Sie führte zu individuellen Gefühlen und Bedürfnissen, wie sie teilweise auch heutige Menschen prägen. Entscheidend war aber, daß die Wachheit in akute Angst vor dem Tod umschlug und daß daraus ein neuer, empathischer Blick auf den Mitmenschen entstand.

Der gemeinsame Nenner ist also ein Dreierschritt: Ich-Bewußtsein, Todesangst und grundsätzliche, weitgespannte Empathie. Er dürfte von Generation zu Generation immer wieder erfolgt sein, gewiß nicht bei allen und nicht überall, aber im griechischen und hellenisierten Milieu der großen Städte, in Neugründungen und dort, wo die

Bevölkerung gemischt und viele entwurzelt waren. Ab dem zweiten Jahrhundert vor Christus übernahmen zwar die Römer allmählich die Macht, aber sie veränderten die Verhältnisse nur wenig, weil sie die kulturelle Vorherrschaft des Griechischen unangetastet ließen und den Städten am östlichen Mittelmeer eine lange Blütezeit bescherten. Dadurch verstärkte sich die Entwicklung eher noch und bezog schließlich die Römer selbst mit ein.

Erste Auswirkungen

Die neue Empathie war noch kein gesellschaftlicher Wert, aber sie müßte dennoch das Verhalten der Menschen beeinflußt haben. Man könnte also mehr Sinn für Gleichberechtigung erwarten und zivilisierte Umgangsformen, wie etwa bei der Figur des Sostratos. Besonders interessant wären Veränderungen, die zeigen, daß man nicht nur für seinesgleichen Verständnis hatte, sondern gerade auch mit sehr fremden Menschen. Mit Zeitgenossen, die völlig anders lebten, dachten und fühlten und die man nur insofern verstand, als sie ebenso Menschen waren wie man selbst. Bei solchen Veränderungen könnte der neue Blick auf die *condition humaine* eine Rolle gespielt haben. Wobei es um den Blick der freien griechischen Männer geht – und fremd waren in deren Blickfeld in erster Linie die Sklaven sowie, in vieler Hinsicht, auch die Frauen. Beide müßten also von der neuen, unterschwelligen Sensibilität dieser Gesellschaft profitiert haben.

Tatsächlich spricht einiges dafür. Frauen jedenfalls scheinen ihre Position gestärkt zu haben, zum Beispiel in der Ehe. Denn auch wenn die Ehe noch von den Männern ausgehandelt wurde, galt sie nicht mehr nur als Zweckverband, sondern beruhte häufig auf Liebe und Respekt. In manchen Eheverträgen wurde dieser Respekt voreinander sogar genau vereinbart. Auch sonst scheint man Frauen mehr geachtet zu haben; sie erhielten eine bessere Ausbildung und verfolgten oft eigene Ziele. Wirtschaftlich waren sie häufiger selbständig, verwalteten ihr Vermögen und zeigten es manchmal demonstrativ. Bilistiche etwa, die Geliebte eines Ptolemäer-Herrschers, ließ sogar ein Gespann beim olympischen Wagenrennen mitlaufen. Es gab bemerkenswert viele Philosophinnen und Dichterinnen, darunter etwa Hipparchia (geb. 340 v. Chr.), die sich selbst für Frauenrechte eingesetzt hat. Besonders bemerkenswert ist, daß Frauen in den Mysterienreligionen völlig gleich behandelt wurden und sogar Führungsrollen übernahmen. Auch die bildende Kunst zeigte Frauen jetzt öfter als in klassischer Zeit, inzwischen zunehmend als Aktskulptur, die in der Klassik noch Männern vorbehalten war.

Der andere Prüfstein ist das Schicksal der Sklaven, die ja auch profitiert haben müßten. Das heißt, sie dürften weniger versklavt oder gekauft und statt dessen öfter freigelassen oder besser behandelt worden sein, und man könnte die Sklaverei generell beklagt haben. Leider ist dazu wenig bekannt, und die wirtschaftlichen Vorteile verhinderten sicher manche Großzügigkeit. Außerdem hatten die orientalischen Kulturen seit jeher ein recht fürsorgliches Verhältnis zu ihren Sklaven, so daß die Entwicklung im Hellenismus wahrscheinlich entsprechend beeinflußt wurde. Auf jeden Fall aber geht diese Entwicklung in die vermutete Richtung.

Beispielsweise wurden, anders als zu klassischer Zeit, die Bewohner besiegter Städte selten versklavt und lieber gegen eigene Gefangene ausgetauscht. Als die Makedonen dann doch mit Mantinea so verfuhren, sorgte es für allgemeine Empörung. Im ptolemäischen Ägypten durften freie Arbeitskräfte nicht versklavt werden, und zwischen verschiedenen griechischen *Poleis* gab es Vereinbarungen, keine freien Bürger dieser Städte als Sklaven zu kaufen, weder von Piraten noch aus Kriegsgefangenschaft. Generell scheinen die Zahlen im Hellenismus zurück zu gehen, trotz der vielen Kriege und unterworfenen Völker. Während etwa im klassischen Athen tausende von Sklaven als Handwerker dienten, gibt es in Ägypten kaum Hinweise darauf, auch nicht in den Papyri. Selbst in der Wirtschaftsmetropole Alexandria sind Handwerk und Produktion anscheinend fast ohne Sklaven ausgekommen. Und die ägyptische Landwirtschaft basierte auf den sehr genügsamen Einheimischen, aber nicht auf Sklaven – zu einer Zeit, als die Römer statt dessen Hunderttausende auf ihren Latifundien in Italien einsetzten. Freilassungen, andererseits, wurden ab dem vierten Jahrhundert häufiger; besser dokumentiert sind sie ab dem zweiten Jahrhundert. Ab dann gibt es besonders in Delphi sehr detaillierte Inschriften, die bis ins erste Jahrhundert vor Christus zeigen, daß die Zahl der gekauften Sklaven stetig abnahm im Vergleich zu den im Haus geborenen, die normalerweise besser behandelt wurden. Schließlich gehen die Freilassungen insgesamt zurück, was auf weniger Sklaven hindeutet, aber auch an der schlechten Wirtschaftsentwicklung in der Region liegen kann.

Einige Indizien demnach, die auf einen höheren Respekt vor dem Menschen an sich hindeuten. Sie sprechen für den beschriebenen Dreierschritt und daß er tatsächlich der gemeinsame Nenner war, der so viele für die christliche Moral zugänglich gemacht hat. Damit stellt sich allerdings nochmals und dringender die Folgefrage: Wieso traf das Nächstenliebe-Gebot ausgerechnet dann auf die hellenistisch geprägte Welt, als sie die dafür nötigen Gefühle gerade entwickelt hatte?

Wenn es ein Zufall war, dann würde uns die Antike wenig Hoffnung machen, und unsere Moral hinge auch in Zukunft von Religion oder Zufall ab. Umgekehrt wäre es dagegen ermutigend, wenn der Hellenismus nicht nur die neue Sensibilität bewirkt hätte, sondern auch das christliche Gebot selbst. Es könnte bedeuten, daß auch unsere Gesellschaft zu beidem fähig ist und daß sie ihre Moral weiterhin regenerieren wird.

Als Jesus die Nächstenliebe forderte, bezog er sich allerdings nicht auf die Griechen, sondern auf das alte jüdische Gebot: „An den Kindern deines Volkes sollst du dich nicht rächen und ihnen nichts nachtragen. Du sollst deinen

Nächsten lieben wie dich selbst. Ich bin der Herr“ (Levitikus 19,18).

Wenn überhaupt, dann können die Griechen also nicht mehr den Inhalt, sondern nur noch die Gewichtung des Gebotes beeinflußt haben. Nachdem aber inzwischen klar ist, wie der Hellenismus gewirkt hat, wird vielleicht auch dieser Einfluß verständlich. Deshalb ist jetzt der richtige Moment gekommen, um endlich auch die jüdische Vorgeschichte der christlichen Nächstenliebe zu betrachten.

Die Juden

Levitikus

Der erste Teil der Bibel wurde in einem jahrhundertelangen Prozeß geschaffen, viel davon im babylonischen Exil der jüdischen Oberschicht, im 6. Jahrhundert vor Christus. Nach der Rückkehr wurden die verschiedenen Quellen ca. 440 v. Chr. in Jerusalem zusammengefaßt zur „Weisung" Gottes an Moses und sein Volk, die *Tora*.

In ihren fünf Büchern enthält die *Tora* nach rabbinischer Tradition 613 Ge- und Verbote, auf hebräisch *Mitzwot*. Sie sind in verschiedenen Auflistungen gebündelt und werden zum Teil mehrfach genannt, etwa in den Zehn Geboten, die auch für Juden besonderes Gewicht haben, weil sie als Bestandteil ihres Bundes mit Gott gelten. Ansonsten sind die 613 *Mitzwot* gleichwertig, bis auf die Verbote von Götzendienst, Mord und Unzucht, die als einzige auch in Todesgefahr eingehalten werden müssen. Im Buch *Levitikus* werden die Vorschriften aufgeführt, die Gott seinem Volk unmittelbar nach dem Bundesschluß mitgibt. Die meisten sind an die Priester gerichtet und deshalb recht technisch, etwa zum richtigen Opfern oder dem Umgang mit Kranken. Erkennbar für sich steht in Kapitel 17 bis 26 das sogenannte Heiligkeitsgesetz, das wahrscheinlich erst bei der Schlußredaktion aus früheren Sammlungen zusammengeführt wurde. Es soll das Volk rein oder „heilig" halten, damit es in der Gegenwart Gottes bestehen kann.

Die Themen dieses Gesetzes sind sehr verschieden, wiederum das richtige Opfern, das Verhalten der Priester und, in Kapitel 18 und 20, alle möglichen sexuellen Verstöße. Kapitel 19 wirkt als eigene Einheit und erinnert an eine Gebotsreihe im Buch *Exodus*, die vermutlich erheblich älter ist. Seine erste Hälfte sind grundsätzliche Forderungen, ähnlich den Zehn Geboten, angefangen mit „Seid heilig, denn ich, der Herr, euer Gott, bin heilig" (19,2) und grundlegenden Gesetzen wie „Ihr sollt nicht stehlen, nicht täuschen und einander nicht betrügen" (19,11). Der zweite Teil enthält eher rituelle Regeln, etwa „Ihr sollt euer Kopfhaar nicht rundum abschneiden. Du sollst deinen Bart nicht stutzen" (19,27).

Mittendrin steht: „Du sollst in deinem Herzen keinen Hass gegen deinen Bruder tragen. Weise deinen Stammesgenossen zurecht, so wirst du seinetwegen keine Schuld auf dich laden." (19,17). Gemeint ist offenbar ein Volksgenosse, der dem Adressaten etwas angetan hat. Der nächste Satz (19,18) scheint zu ergänzen: „An den Kindern deines Volkes sollst du dich nicht rächen und ihnen nichts nachtragen." Sehr grundsätzlich und als Steigerung folgt dann: „Du sollst deinen Nächsten lieben wie dich selbst. Ich bin der Herr." Hintereinander gelesen, könnte der Nächste also der Übeltäter von 19,17 sein – so daß schon im Alten Testament die Feindesliebe gefordert würde, allerdings beschränkt auf die „Stammesgenossen".

Danach geht es sehr viel prosaischer weiter: „Unter deinem Vieh sollst du nicht zwei Tiere verschiedener Art sich begatten lassen. Dein Feld sollst du nicht mit zweierlei Arten besäen. Du sollst kein aus zweierlei Fäden gewebtes Kleid anlegen“ (19,19). Erst kurz vor Schluß kommt die umfassende Ausweitung des Nächstenliebe-Gebotes:

> „Wenn bei dir ein Fremder in eurem Land lebt, sollt ihr ihn nicht unterdrücken. Der Fremde, der sich bei euch aufhält, soll euch wie ein Einheimischer gelten und du sollst ihn lieben wie dich selbst; denn ihr seid selbst Fremde in Ägypten gewesen. Ich bin der Herr, euer Gott.“ (19,33–34)

Zusammengenommen erstrecken sich 19,18 und 19,34 also auf alle „Nächsten“. Deshalb ist der Kern unserer Moral auch ein altes jüdisches Doppelgebot, älter als der Hellenismus. Wie weit es reicht und was „lieben“ genau bedeutet, darüber wird seit Jahrtausenden gestritten. Besonders prägnant formuliert ist es jedenfalls nicht, und es wirkt auch nicht so, als ob die Verfasser die Sätze verknüpfen wollten. Sonst hätten sie wohl beide zusammengefaßt und auch prominenter plaziert. Und wenn ein so fundamentales Gebot schon länger und allgemein gegolten hätte, dann wäre es, so wie andere wichtige Gebote, auch in einer anderen Auflistung aufgetaucht und würde deshalb unter den 613 *Mitzwot* mehrfach genannt.

Das Gebot der Nächstenliebe ist demnach spät hinzugekommen, und seine heutige Tragweite war vielleicht nicht beabsichtigt. Dennoch zählte es schließlich zum jüdischen Kanon und konnte nun weiter aufsteigen.

Ein kleiner Tempelstaat

Für die Juden hatte der Kanon besonderes Gewicht. Die Bibel war eine einzigartige Zusammenstellung von Mythen und Volksgeschichte, Weisheitslehre und religiösen Geboten. Sie half den Einzelnen, das Leben zu meistern, ähnlich wie der griechische Mythos. Zugleich gab sie aber dem gesamten Volk seine Identität und innere Überlegenheit gegenüber mächtigen Nachbarn. Auch hier also gewissermaßen ein Kokon, allerdings umhüllte er die Gesellschaft als Ganzes und wurde von der führenden Schicht entsprechend gepflegt. Seit dem Exil in Babylon wählten die Schriftgelehrten die Geschichten, Prophezeiungen und Gebote sorgfältig aus und ergänzten und interpretierten sie fortwährend. In ihrem Stellenwert übertraf die Bibel deshalb die griechischen Mythen bei weitem, auch wenn sie nicht als Vorlage für Kunst oder Theaterstücke diente. Sie galt als eigentliche Wirklichkeit und als einzig legitimer Rahmen für intellektuelle Diskussionen, die deshalb allerdings nicht weniger lebendig waren. Im Kern ging es um die Lehre vom einzigen Gott und daß er einen Bund mit den Juden geschlossen hatte, in dem sich beide Seiten Gerechtigkeit geloben. Wer das nicht in Frage stellte, der durfte praktisch alles diskutieren. Daher fand das gesamte geistige Leben, jede Theologie, Philosophie, Geschichtsschreibung und Dichtung innerhalb der Nationalreligion statt. Zwar konnte die Philosophie nicht über den Mythos aufklären, wie in Griechenland, aber die Bereitschaft, philosophisch zu denken und zu artikulieren, war ebenfalls hoch.

Bisher hatten sich die Juden gut geschlagen und durch Zähigkeit auch gefährliche Gegner überstanden. Große Teile der Führungsschicht waren ihrem Gott in Babylon treu – und damit „gerecht" – geblieben und nach Jahrzehnten zurückgekehrt. Innerhalb des persischen Reichs entstand ein halbautonomer Tempelstaat, mit erblichem Hohepriesteramt, regem geistigem Leben und starkem Zusammengehörigkeitsgefühl. Alltagssprache wurde das Aramäische, die *Lingua franca* der Perser, während Hebräisch zwar weiterhin für Religion und Literatur diente, aber immer weniger verstanden wurde. Am wenigsten in der Diaspora, wo die Bibel später auch ins Griechische übersetzt wurde; die jüdische Identität ging damit aber nicht verloren, weil sie nicht an der Sprache, sondern an der Religion hing.

332 v. Chr. begann die hellenistische Ära. Auf seinem Zug nach Ägypten überrannte Alexander den jüdischen Staat, ab 300 v. Chr. haben ihn erst die Ptolemäer, anschließend die Seleukiden beherrscht und stark beeinflußt. Die Oberschicht übernahm die griechische Lebensweise und war zuletzt sogar bereit, den eigenen Kult zu hellenisieren. Dadurch brachte sie aber die Landbevölkerung gegen sich auf, so daß diese 165 v. Chr. revoltierte und schließlich ein national-religiöses Königreich entstand. Es lehnte sich an die Römer an, expandierte militärisch und konnte durch Zwangskonversionen und Proselytismus das Judentum

deutlich stärken. Davon profitierten auch die Diasporagemeinden, wie etwa in Alexandria.

Die griechische Herausforderung

Geistig waren die Juden dem orientalischen Umfeld entwachsen. Durch ihre Religion hatten auch sie das Artikulieren und Lesen geübt; wahrscheinlich noch verbreiteter als die Griechen, zumindest aber zielgerichteter. Denn die Bibel behandelte das gemeinsame, exklusive Verhältnis zum einzigen Gott, so daß auch die einfachen Leute ein ausgeprägtes Selbstbewußtsein gegenüber Nichtjuden entwickelt hatten.

Vielleicht ist diese Selbstsicherheit ein Grund, warum sie begehrte Söldner waren, und, indirekt, warum das Judentum expandierte und sich dabei hellenisierte. Jedenfalls betont etwa der ptolemäische Historiker Hekataios schon im vierten Jahrhundert ihre militärische Fertigkeit. Die Diadochenreiche setzten vielerorts jüdische Söldner ein, die Diasporagemeinden bildeten, ähnlich wie die Griechen. Deren Kultur übernahmen diese Gemeinden dann häufig, allerdings ohne dabei ihre Religion aufzugeben. Dadurch erhielten sie dieselben Privilegien wie die Griechen und bewahrten dennoch ihre Identität und ihr besonderes Selbstbewußtsein.

Nach Jerusalem kam der griechische Einfluß durch die ptolemäische Verwaltung. Sie war straff und zentralistisch, brachte ihr Personal ins Land und beflügelte die Wirtschaft, wovon die jüdische Oberschicht stark profitierte. Dementsprechend anziehend fand sie die neue Kultur, lernte die Sprache und allmählich auch ihre Lebensweise. Zugleich behielt sie dadurch den engen Kontakt zur Diaspora und konnte mit deren kultureller Entwicklung mithalten, was besonders für die Verbindung zur großen Gemeinde von Alexandria galt, wo man früh die *Koiné* sprach und wo sich ein jüdisch-hellenistisches Denken entwickelte.

Das Selbstbewußtsein der Juden und ihre intellektuelle Übung hatten also keine Abwehr bewirkt, sondern eher Affinität mit den Eroberern. So wie das Volk bereits das Hebräische gegen Aramäisch getauscht hatte, ohne seine Identität aufzugeben, so übernahmen Oberschicht und Diaspora jetzt ohne Verlust das Griechische. Erst als man in Jerusalem weiter ging und sich als griechische *Polis* qualifizieren wollte, reagierte die Landbevölkerung. Es entstand das unabhängige Hasmonäer-Reich, in dem die religiösen Traditionen wieder stärker betont wurden. Trotzdem behielt die *Koiné* auch hier ihre Rolle, als Sprache der Oberschicht und für die Teilhabe an der hellenistischen Kultur.

Deren Einfluß reichte zwar tief, aber das Selbstverständnis der Juden konnte sie nur wenig beeinträchtigen. Bezeichnend ist ein anonymes Werk aus Samaria, noch aus der Zeit vor den Hasmonäern, in dem mythologische Figuren der Griechen und Babylonier mit der Abraham-Erzählung verbunden werden. Während die Göttervater Kronos und Bel sich als sterbliche Menschen entpuppen, ist

Abraham der Liebling des einzigen Gottes und der weiseste Mensch überhaupt. Er hat der Welt die Kultur gebracht, von Babylon nach Phönizien und Ägypten, und indirekt auch nach Griechenland, weil Ägypten als Ursprung der griechischen Kultur galt. – Eine bemerkenswerte Umkehr der damaligen Verhältnisse, die zeigt, wie selbstbewußt das Neue verarbeitet wurde.

Kohelet

> *„Beide gehen an ein und denselben Ort. Beide sind aus Staub entstanden, beide kehren zum Staub zurück. Wer weiß, ob der Atem der einzelnen Menschen wirklich nach oben steigt, während der Atem der Tiere ins Erdreich hinabsinkt? So habe ich eingesehen: Es gibt kein Glück, es sei denn, der Mensch kann durch sein Tun Freude gewinnen. Das ist sein Anteil. Wer könnte es ihm ermöglichen, etwas zu genießen, das erst nach ihm sein wird?" (Kohelet 3, 20–22)*

Im dritten Jahrhundert, unter der ptolemäischen Herrschaft, entsteht einer der erstaunlichsten Texte des Alten Testaments, das Buch Kohelet. Anscheinend die Lebensbilanz eines „Versammlungsleiters" aus der Oberschicht, der gerade noch im Rahmen der jüdischen Frömmigkeit bleibt. Gott ist präsent, allerdings unpersönlich und unberechenbar, und der Bund mit ihm wird weder erwähnt noch in Frage gestellt. Er hat „das alles zu seiner Zeit auf vollkommene Weise getan. Überdies hat er die Ewigkeit in alles hineingelegt, doch ohne dass der Mensch das Tun, das Gott getan hat, von seinem Anfang bis zu seinem Ende wieder finden könnte“ (3,11). Der Mensch ist einsam, sein Leben sinnlos und ungerecht, alles ist „Windhauch“. Reichtum und Weisheit schützen nicht vor der Vergänglichkeit, der Tod trifft alle gleich und fördert deshalb das Böse. Ein Leben nach dem Tod gibt es nicht, denn einen „Vorteil des Menschen gegenüber dem Tier gibt es da nicht. Beide sind Windhauch“ (3,19). Dagegen hilft auch keine besondere Frömmigkeit, denn „Gott ist im Himmel, du bist auf der Erde, also mach wenig Worte!“ (5,1).

Deshalb soll der Mensch klaglos sein Schicksal akzeptieren und die guten Zeiten als Gottesgaben genießen, denn dann denkt er nicht daran „wie wenige Tage sein Leben zählt“ (5,19). Vom Gebot der Nächstenliebe ist nicht die Rede, und auch die Liebe selbst wird kaum erwähnt. Sie ist genauso vergänglich wie der Haß, gehört allerdings zum Genuß des Lebens dazu: „Mit einer Frau, die du liebst, genieß das Leben alle Tage deines Lebens voll Windhauch“ (9,9).

Einem heutigen Leser erscheint das Buch als großes Lamento, das kaum zur sonstigen Bibel paßt. Eben deshalb ist seine Bedeutung allerdings umstritten. Die meisten Exegeten nehmen es für bare Münze und als Ausdruck einer neuartigen, existentiellen Verzweiflung. Für andere steht es in der jüdischen Tradition, in deren Geist die hellenistische Moderne entlarvt und das wahre Leben als Gottesgeschenk gepriesen werde.

In beiden Fällen wäre Kohelet von den Umwälzungen im Hellenismus erfaßt worden, er hätte nur verschieden reagiert. Die jüdische Gesellschaft kannte beide Reaktionen, deren Konflikt dann – vereinfacht ausgedrückt – zum Bürgerkrieg geführt hat. An dieser Stelle ist nur relevant, daß die neue Skepsis der Griechen Jerusalem erreicht hat und daß sie auch das religiöse Denken beeinflußt hat. Der Kontakt mit Beamten, Händlern und Militär, ihre Rationalität, die individualistische Lebensweise und schließlich Philosophie und Literatur – vieles davon dürfte auf die Oberschicht abgefärbt haben.

In mancher Hinsicht war sie schon vorbereitet gewesen. Die Juden kannten die Entwurzelung und brauchten nicht erst von Naturgöttern entwöhnt zu werden; sie hatten schon lange nur einen, fast abstrakten Gott und waren geübt in religiös-philosophischen Gedankengängen. Zwar wurden auch sie von ihrer Überlieferung geschützt, allerdings bot diese mehr Raum als der griechische Mythos-Kokon. Die Bibel ließ existentielle Überlegungen zu und übernahm sie auch selbst, so daß die neuen Zeiten ihr wenig anhaben konnten. Dafür ist das Buch Kohelet das beste Beispiel.

Vielleicht will Kohelet gegen die Skepsis ankämpfen, aber auf jeden Fall formuliert er sie höchst eindringlich. Er setzt nicht auf intellektuelle Klimmzüge wie Epikur, sondern bringt, ohne an Gott zu zweifeln, seine Klage radikal auf den Punkt. Offenbar gibt ihm die Religion trotz allem noch Halt, unabhängig von der Intention des Textes. Das Buch zeigt also, wie tiefgreifend die jüdische Oberschicht verunsichert war. Es zeigt aber auch, daß ihr Gottesglauben noch tiefer reichte und daß sie die neue Angst innerhalb der Religion formulieren und verarbeiten konnte. Dieser unerschütterliche Glaube der Juden an ihren Gottesbund hat die weitere Entwicklung des Liebesgebots entscheidend gefördert.

Das Doppelgebot

> *„Jetzt aber beschwöre ich euch mit einem großen Schwur –*
> *es gibt ja keinen größern Schwur als diesen –*
> *bei dem gelobten, geehrten, großen, glänzenden,*
> *wunderbaren und mächtigen Namen,*
> *der den Himmel und die Erde*
> *und alles andere zusammen erschaffen hat,*
> *daß ihr Ihn fürchtet und Ihm dienet,*
> *und daß jeder seinen Bruder*
> *in Herzlichkeit und Aufrichtigkeit liebe …“*
> *(Jubiläenbuch, Kap. 36, 7–8)*

Kohelet hatte nur empfohlen, das schöne Leben zu genießen und auch das Zusammensein mit der Frau, die man liebt. Ansonsten war die Liebe für ihn kein Thema.

Wenige Generationen später sind Gottesfurcht und Nächstenliebe Hauptpflichten eines jeden Juden, denn „es gibt ja keinen größern Schwur als diesen“. So fordert es das sogenannte Jubiläenbuch am Anfang des zweiten Jahrhunderts. Nochmals einige Generationen später ernennt der große

Lehrer Hillel den Umkehrschluß der Nächstenliebe, die sogenannte Goldene Regel, zum Kern der jüdischen Religion: „Was dir nicht lieb ist, das tue auch deinem Nächsten nicht. Das ist die ganze Tora und alles andere ist (nur) die Erläuterung; geh und lerne sie." Es wurde intensiv diskutiert, wer für das Nächstenliebe-Gebot alles ein Nächster ist und was „wie dich selbst" genau bedeutet. Zumindest ein Teil der Gelehrten fand, daß jeder Mensch gemeint sein kann und daß man ihn lieben solle, weil er so ist wie man selbst.

Die beiden *Mitzwot* aus dem Buch *Levitikus*, zwei von insgesamt 613, sind demnach in kurzer Zeit zum Hauptgebot des jüdischen Volkes aufgestiegen, zusammen mit der Liebe zu Gott. Denn weil die Gottesfurcht immer mehr zur Gottesliebe wurde, steht am Ende der Entwicklung das Doppelgebot der Liebe, über das sich im Neuen Testament Jesus und der Schriftgelehrte einig sind:

> „Das erste ist: Höre, Israel, der Herr, unser Gott, ist der einzige Herr. Darum sollst du den Herrn, deinen Gott, lieben mit ganzem Herzen und ganzer Seele, mit all deinen Gedanken und all deiner Kraft. Als zweites kommt hinzu: Du sollst deinen Nächsten lieben wie dich selbst. Kein anderes Gebot ist größer als diese beiden." (Markus 12,29)

Die neue Sensibilität der Juden

Also nahmen die Juden das Liebesgebot der *Tora* in einer neuen Weise ernst. David Flusser (1917–2000), ein jüdischer Religionswissenschaftler, nennt es die neue Sensibilität des Judentums. Sie entwickelte sich zur selben Zeit wie die allgemeine Empathie der Griechen und sie dürfte ähnliche Ursachen gehabt haben. Die Umwälzungen im Hellenismus, das nüchtern-individualistische Bewußtsein und dadurch die Angst vor der Vergänglichkeit – all dies betraf den Autor des Buches Kohelet ebenso wie etwa die Griechen in Antiochia. – Warum aber kamen die Juden zu einem anderen Ergebnis? Warum führte die griechische Entwicklung nur zum erweiterten Mitgefühl, die jüdische aber zur religiösen Pflicht der Nächstenliebe?

Der Weg zum Doppelgebot

Die Gottesliebe

Beide, Griechen und Juden, waren ähnlich betroffen. Die Klagen Kohelets sind jedoch besonders ausdrucksvoll, während auf griechisch nichts Vergleichbares bekannt ist. Vielleicht liegt genau darin ein Grund für die divergierende Entwicklung: in der unterschiedlichen Fähigkeit, die eigene Not zu artikulieren. Epikur drückt sich vor seinen Einsichten, weil sie ihm alle Hoffnung nehmen würden. Kohelet dagegen scheint sich seine erlauben zu können und wiederholt geradezu lustvoll: „Es ist alles ein Windhauch."

Wie ein Kind, das hofft, daß man sein Weinen hört, spricht er im Grunde zu Gott. Er klagt über das Nichts, aber er kennt auch den besten Trost: „Also: Iss freudig dein Brot und trink vergnügt deinen Wein; denn das, was du tust, hat Gott längst so festgelegt, wie es ihm gefiel" (9,7). Kohelet ist nicht gottlos, und er wird seinem Herrn das Sterben auch nicht vorwerfen. Ein ewiges Leben hatte Gott nie versprochen, so daß die Juden keinen Anlaß sahen, den Bund mit ihm aufzukündigen. Allerdings entwickelten sie jetzt sowohl zu Gott als auch zu ihren Mitmenschen ein völlig neues Verhältnis.

Ihr Ausgangspunkt war das alte Unrecht, daß der Tod gute und schlechte Menschen gleichermaßen trifft; es wird ihnen in dieser Zeit besonders bewußt, und das neue Buch betont es deshalb entsprechend. Der Gott der *Tora* bricht damit seine wichtigste Zusage, die Gerechtigkeit, und Kohelet hätte es ihm durchaus vorwerfen können. Das tut er nicht – er klagt zwar, lauthals, aber nicht über Gott, und er bleibt stets dankbar für dessen Gaben. So deutet sich bei Kohelet schon eine entscheidende Umkehr des Fühlens an, aus der in der Folgezeit etwas radikal Neues entsteht: bedingungslose Gottesliebe.

Zu Anfang des zweiten Jahrhunderts heißt es: „Seid nicht wie Knechte, die ihrem Herren um eines Lohnes willen dienen, sondern seid wie Knechte, die dem Herrn nicht um des Lohnes willen dienen" (Antigonos von Sokho). Einige Generationen später werden alte Gebetstexte angepaßt, in die vor „Gottesfurcht" ausdrücklich das Wort „Liebe" eingefügt wird.

Die Beziehung zu Gott war nicht mehr nur passiv und empfangend. Sie bestand nicht mehr allein aus Fürchten und Gehorchen, sondern, im ersten Jahrhundert vor Christus, auch aus einem Ausdruck aktiver Liebe. Jetzt wurde gelehrt und vielleicht auch gelebt, was die *Tora* längst formuliert hatte, im *Deuteronomium* 6,5: „Darum sollst du den Herrn, deinen Gott, lieben mit ganzem Herzen, mit ganzer Seele und mit ganzer Kraft."

Die Nächstenliebe

Kohelet erwähnt sie zwar nicht, aber in seiner schonungslosen Analyse war auch die Nächstenliebe bereits angelegt. Einen „Vorteil des Menschen gegenüber dem Tier gibt es da nicht. Beide sind Windhauch" – darin steckte das Mitgefühl des nüchternen Betrachters. Es beruhte zwar auf der gleichen Resignation wie im griechischen Kulturraum, aber es wies über die reine Empathie hinaus. Für Juden war die Vergänglichkeit ebenfalls quälend und ihr Leiden mit den Mitmenschen ähnlich bedrückend. Sie als einzige hatten für dieses Leiden aber ein Ventil, weil sie das *Tora*-Gebot der Nächstenliebe kannten. Die eigene Religion verlangte darin von ihnen, die neue Empathie umzuwidmen. Das passive Mitgefühl mußte in Hingabe verwandelt werden, in einen Dienst am Nächsten, und zugleich am eigenen Gott. So wie auch bei der Gottesliebe, kehrte sich die Gefühlsrichtung dadurch um: die Nächstenliebe hat das Mitleiden aufgefangen und nach außen gewendet. Dabei erhielt sie selbst den entscheidenden Anstoß, so daß sie, zusammen mit der Gottesliebe, zum alles überragenden Doppelgebot der Liebe aufgestiegen ist.

Das Vergänglichkeitsbewußtsein hatte Juden und Griechen also ähnlich tief erschüttert, allerdings waren die Juden auf die neue Sensibilität weitaus besser vorbereitet. Ihre alten Gebote enthielten bereits ausdrücklich die Liebe als Pflicht jedes Gläubigen und das Bibelstudium ihrer Gelehrten förderte diese Antwort im richtigen Moment zutage. Der Mensch muß sein Leben auf Liebe abstellen – das war die revolutionäre Forderung im vorchristlichen Judentum.

Zulauf für eine Religion der Liebe

Damit hatte der Gottesbund eine schwere Prüfung überstanden. Die Zweifel der Juden waren unterhalb der Glaubensschwelle geblieben, hatten aber eine erstaunliche Reaktion bewirkt. Daß Gott nicht für Gerechtigkeit sorgte, bedeutete nicht, daß man ihn nicht mehr verehrte – und wenn in diesem Bund nicht er den schützenden Schirm spannte, dann übernahm dies eben sein Volk. Gottes- und Nächstenliebe kehrten die gewohnte Richtung um. Sie wurden selbst zum Wesen des Glaubens und verstärkten ihn damit, so daß Glaube und Volk gegen die Anfechtungen des Hellenismus bald weitgehend immun waren. Das Judentum war eine Religion der Liebe geworden.

Seine alte Sonderrolle wurde damit auf neue Art sichtbar. Während im Umfeld die Götterwelt verblaßte und die Ersatzkulte nur schwer gegen die moderne Skepsis ankamen, lebten die Juden weiterhin ein ungebrochenes Verhältnis zu *Jahwe* vor. Ungebrochen und getragen von Liebe – so müssen ihre Religion und Ethik auf Außenstehende großen Eindruck gemacht haben. Denn Liebe galt allgemein zwar als ein privates Gefühl, aber ihre Macht war allen bewußt und konnte gut nachempfunden werden. Deshalb war ihr Einsatz gegenüber Gott und den Mitmenschen sicherlich überzeugend. Wer selbst an der Vergänglichkeit litt und ebenfalls die neue Empathie kannte, der wird für diesen einzigartigen Aspekt des Judentums besonders empfänglich gewesen sein.

Dementsprechend wurde die Religion damals außerordentlich attraktiv. Unter den Hasmonäern gab es zwar viele gewaltsame Bekehrungen, die meisten Proselyten traten aber freiwillig in Diasporagemeinden ein, die dadurch deutlich anwuchsen. In Ägypten lebten am Anfang des ersten nachchristlichen Jahrhunderts angeblich eine Million Juden, vor allem in Alexandria, wo sie zwei der fünf Stadtbezirke bewohnten. Im gesamten Römischen Reich soll ihr Anteil bis zu zehn Prozent betragen haben. Ob dabei die vielen nichtjüdischen und unbeschnittenen, aber „gottesfürchtigen" Sympathisanten mitgezählt sind, läßt sich nicht rekonstruieren. Auffallend viele von diesen waren übrigens Frauen.

Eine beachtliche Expansion also, die bereits das Christentum anzukündigen scheint. Offenbar entsprach das Judentum der allgemeinen Sensibilität besser als die sonstigen Kulte. Verwunderlich ist das nicht, da die neue Liebeslehre selbst eine Reaktion auf die Sensibilität war. Damit ist auch die wichtige Frage beantwortet, warum diese Lehre genau dann im Hellenismus auftrat, als sich die dafür nötigen Gefühle entwickelt hatten: weil sie aus eben diesen entstanden ist, als spezifisch jüdische Antwort, die aber, offensichtlich, auch bei Nichtjuden Resonanz fand.

Jude zu werden war allerdings ein großer Schritt, weil es hieß, in den bestehenden Bund mit Gott einzutreten. Für Männer bedeutete es die Beschneidung, für Männer und Frauen ein Tauchbad und ein neuer, jüdischer Name. Außerdem mußte man sich den unzähligen und oft schwer begreiflichen Geboten der *Tora* unterwerfen. Wer sie nicht befolgte, der konnte nicht einfach wieder austreten, sondern er wurde grundsätzlich gemäß den Gesetzen bestraft. Um so bemerkenswerter war also der starke Zulauf.

Das Christentum

„denn du gibst mich nicht der Unterwelt preis, noch läßt du deinen Frommen die Verwesung schauen.“ (Apostelgeschichte 2, 27)

Wenn schon das Judentum derartigen Anklang fand, dann mußte die christliche Botschaft erst recht Erfolg haben. Aus Sicht eines Nichtjuden war sie allemal attraktiver – einerseits ohne die strengen und unverständlichen *Mitzwot*, andererseits noch deutlicher auf Liebe ausgerichtet. Auf das Besondere also, was an der neuen jüdischen Lehre so anziehend war, aber ohne den Ballast der Gesetze. Das attraktivste am Christentum war jedoch sein Hauptversprechen, jenes, das nicht in der *Tora* steht und das erst allmählich auch für Juden ein Thema wurde: daß es ein Leben nach dem Tod gibt und daß uns der wahre Glaube zu ihm hin führt.

Lösung vom Gesetz

Zunächst mußten die Christen aber ihr Selbstverständnis anpassen, weil die ersten von ihnen noch die *Tora*-Gebote einhielten, sich als Juden betrachteten und auch so gesehen wurden. Bezeichnend ist, daß ihre Treffen noch im Jerusalemer Tempel stattfanden. Zwar glaubten sie an die Auferstehung Jesu, an seine baldige Wiederkehr und an ein ewiges Leben, außerdem betonten sie die Nächsten-

und sogar Feindesliebe und lebten in Gütergemeinschaft – aber das alles ließ die Urgemeinde nicht aus dem Volk Israel ausscheren, und diejenigen, die sich ihr anschließen wollten, mußten ebenfalls die *Mitzwot* befolgen.

Der entscheidende Impuls kam vom hellenistischen Umfeld: Griechischsprachige Christen missionierten außerhalb Israels und waren dort besonders erfolgreich. Sie nahmen die Gesetze weniger ernst und bestanden nicht auf der Beschneidung, so daß viele der von ihnen Bekehrten faktisch keine Juden waren. Im sogenannten Apostelkonzil, ca. 47 n. Chr., scheint Paulus von Tarsus schließlich erreicht zu haben, daß der christliche Glaube Vorrang vor dem Gesetz erhielt. Für den Beitritt zum Bund mit Gott genügte es, an Jesus als den Messias zu glauben:

„Weil wir aber erkannt haben, dass der Mensch nicht durch Werke des Gesetzes gerecht wird, sondern durch den Glauben an Jesus Christus, sind auch wir dazu gekommen, an Christus Jesus zu glauben, damit wir gerecht werden durch den Glauben an Christus und nicht durch Werke des Gesetzes; denn durch Werke des Gesetzes *wird niemand gerecht.*" (Galater 2, 16)

Ein Christ brauchte jetzt formell nicht mehr Jude zu sein, und die beiden Religionen drifteten immer weiter auseinander.

Starke Resonanz

In den griechischen und hellenisierten Städten am Mittelmeer verbreitete sich das Christentum rasch, etwa in Antiochia, wo eine seiner größten Gemeinden heranwuchs. Damit kam die christliche Ethik jetzt dort an, wo die allgemein-menschliche Empathie ursprünglich entstanden war. Sie forderte diese nun ein und erwies ihr die Anerkennung, die bisher keiner gezeigt hatte. Gefühl und Moral paßten auf einmal zusammen und verstärkten sich gegenseitig.

Und doch war das nur eine Nebenwirkung. Denn das *Evangelium*, die „Frohe Botschaft", versprach noch viel mehr. Es stellte ein Leben nach dem Tod in Aussicht und befreite die Menschen von ihrer Angst um das eigene Ich. Von jener Angst also, die das neue Mitleiden bewirkt und die Gesellschaft unterschwellig verändert hatte. Weil Jesus von Nazareth als Sohn Gottes für alle Menschen gestorben war, konnte jetzt „das Fleisch auferstehen". Die einzige, aber absolute Bedingung war, an diese Verkündigung zu glauben.

Den Griechen der klassischen Zeit wäre ein solcher Glaube noch schwer gefallen. Sie kannten zwar eine verwandte Geschichte – die des göttlichen Prometheus, der für ihre Vorfahren leiden mußte –, aber die spielte zu Urzeiten und beschrieb nur die Anfänge der Menschheit. Jesus dagegen hatte auf die Not der eigenen Epoche reagiert, er hatte Mitleid und Liebe empfunden und war dennoch gekreuzigt worden.

Was früher unverstanden geblieben wäre, wirkte im einfühlsameren Milieu des Hellenismus gut nachvollziehbar: Einerseits hatten die Zeitgenossen selbst Empathie für ihre Mitmenschen, so daß Jesus' Gefühle – wenn auch göttlich und allumfassend – ihren eigenen ähnelten. Andererseits muß sie das persönliche und sehr menschliche Leiden dieses gekreuzigten Gottessohnes ungeheuer bewegt haben.

Das *Evangelium* traf folglich in mehrfacher Weise auf eine Gefühlstiefe, die sich zuvor entwickelt hatte. In ihr fand nicht nur das Gebot der Nächstenliebe volle Resonanz, sondern die christliche Botschaft an sich, das Leben und Sterben Jesu, und sein großes Versprechen. Zunächst unter den „Gottesfürchtigen" und besonders bei Frauen, dann allgemein in den hellenisierten Städten und allmählich in der gesamten römischen Welt.

Paradoxe Wirkung

Wenige Jahrhunderte danach war der neue Glaube etabliert und mit ihm sein Hauptgebot, als Kern der christlichen Moral und entscheidendes Merkmal unserer Zivilisation. Entstanden im Zusammenspiel von Hellenismus und Judentum, wurde es von der Religion schließlich weltweit verbreitet. Auch wenn sich manche christliche Regeln später verändert haben – die Nächstenliebe als Leitfaden stammt noch von damals.

Was passiert aber, wenn der Glaube nachläßt? Können auch Nichtgläubige den Faden aufnehmen? So ungefähr lautet die Hauptfrage dieser Überlegungen, verbunden mit der Vermutung, daß die Nächstenliebe in unserer Todesangst wurzelt.

Für den Anfang der Entwicklung hat sich die Vermutung bestätigt. Die jüdische Liebeslehre rührte aus der neuen Angst, die vom Hellenismus ausgelöst worden war, und Jesus hatte diese Lehre zum doppelten Liebesgebot zusammengefaßt. Paradoxerweise entzog er ihr aber zugleich die Grundlage: Denn wer, wie seine Anhänger, das ewige Leben erwartet, der fürchtet die Vergänglichkeit nicht. Und ohne eigene Angst kann er das Mitgefühl, aus dem die Nächstenliebe entstanden ist, nicht mehr empfinden.

Wenn die Liebe also andauern sollte, dann mußte sie tief in der neuen Lehre verankert werden. Genau so geschah es: ein gläubiger Christ liebt seinen Nächsten wie sich selbst, weil Jesus es mit seiner ganzen Autorität von ihm verlangt – aber nicht, weil er spontanes Mitgefühl für die *condition humaine* empfindet. Wie sollte er auch?

Obwohl sich die Voraussetzungen also geändert hatten und die erste Ursache hinfällig war, blieb das moralische Ideal im Christentum bestehen. Es wird noch heute allseits und fraglos respektiert, auch von den Nichtgläubigen. Auch für sie ist es eine Wärmequelle, die seit der Zeitenwende wirksam ist, die unsere Welt von anderen Kulturen abhebt und die keiner missen möchte.

Heute

Wiederholung ohne Glauben

Bisher wurde die Liebespflicht von den Christen aufrechterhalten, auch in schlechten Zeiten, trotz Nöten und Grausamkeiten jeder Art. Inzwischen geht die Zahl der Gläubigen aber immer mehr zurück – wieso geben wir ihr Ideal also nicht auf?

Es dürfte an derselben Angst liegen, aus der die Nächstenliebe ursprünglich entstanden ist. Denn ohne Glauben erlischt jede Hoffnung auf ein Jenseits. Die Angst um das Ich erwacht neu und löst, wie schon im Hellenismus, eine Gefühlskette aus, die viele in ihrer Moral bestätigt – dieses Mal unabhängig vom Glauben.

Aber war der Glaube in der antiken Kette nicht ein wichtiges Glied? Und wenn die Angst alleine, ohne Religion, diese Entwicklung in Gang setzt – wieso betonen dann nicht auch andere Kulturen die Nächstenliebe? Offenbar verläuft der Prozeß nicht genauso wie damals; außerdem scheint die christliche Prägung weiterhin relevant zu sein, denn nur sie kann den Unterschied zu anderen Kulturen erklären.

Die Angst und ihre Metamorphosen

Eine Wiederkehr der Angst ist jedenfalls plausibel. Das naturwissenschaftliche Denken, das in der Antike gerade erst begonnen hatte, bestimmt heute fast alles. Selbst die meisten Christen akzeptieren es als Welterklärung, wenn auch nicht für das eigene Ich. Wer aber vom Glauben abfällt, der setzt sich der Wissenschaft schutzlos aus und muß ihre Weltsicht auch auf sein Leben und Sterben beziehen. Er fällt ins Bodenlose, von weit höherer Warte als in der antiken Aufklärung, und deshalb noch tiefer: Aus einem Teilhaber Gottes wird ein Geschöpf des Zufalls, das am Ende völlig vom Nichts verschluckt wird.

Wie sehr das Nichts den Menschen ängstigt, hängt davon ab, wie präsent es für ihn ist. Ähnlich wie die Mythen, hatte der Glaube als schützender Kokon gedient. Ohne ihn ist die Angst vor der Vergänglichkeit wieder akut, zumindest für all jene, die weder Ablenkung noch Schutzschirm finden. Und wenn sie denn aufkommt, wirkt diese Angst ebenso durchdringend und elementar wie im Hellenismus. Auch die Reaktionen dürften wieder die gleichen sein: ein tiefgreifendes Verständnis für dieselbe Not anderer Menschen und, natürlich, die Suche nach Ablenkung und Schutz.

Bis hierhin verläuft die Entwicklung genauso wie damals. Die existentielle Not weckt Mitgefühl für den Menschen als solchen; eine erste Metamorphose der Angst, die all jene erleben, die dem Nichts ungeschützt ausgesetzt werden.

Empathie alleine ist aber noch keine Nächstenliebe. Deshalb blieb die Moral in den hellenistischen Städten auch unverändert, und erst das Christentum hat die neue Sensibilität dann zur Geltung gebracht. Allerdings mußte die Lehre dazu von außen kommen; sie war nicht im griechischen Kulturraum entstanden, sondern in Israel, in der Begegnung von Hellenismus und Judentum. Unter speziellen Bedingungen hatte sich dort eine weitere Metamorphose der Angst vollzogen, die Verwandlung in Selbstlosigkeit. Gelenkt von der *Tora*, hatte das jüdische Volk sein Mitleiden in der Nächstenliebe aufgehoben und damit zugleich den Gottesbund gestärkt.

In zwei Schritten war aus dem Erschrecken über die Vergänglichkeit schließlich eine Pflicht zur tätigen Nächstenliebe geworden, so wie wir sie kennen. Dabei hatte die zweite Wandlung innerhalb des Judentums stattgefunden, in Anwendung seiner religiösen Gesetze. – Wie ließe sich diese Metamorphose wiederholen? Könnte sie auch bei heutigen Menschen erfolgen, auch ohne göttliche Weisung?

Geben ist seliger denn Nehmen

Es hilft, die Entwicklung im Judentum genau zu betrachten: Wer selbst existentielle Angst erlebt, der begreift auch die der Anderen, damals so wie heute. Bei Nichtjuden war das zunächst unproduktiv, zumindest sind kaum unmittelbare Folgen sichtbar. In Israel dagegen hatten Angst und Mitleid konkrete Konsequenzen. Offenbar erkannten die Schriftgelehrten, daß ihre neuen Gefühle zur alten Forderung nach Nächstenliebe paßten. Bisher hatten sie die *Tora* nur in der Weise verstanden, daß man fehlgeleitete Volksgenossen menschlich behandeln möge. Angesichts der Not ihrer Mitmenschen interpretierten die Gelehrten das Liebesgebot aber auf einmal grundsätzlich.

Jetzt sollte jeder „seinen Bruder in Herzlichkeit und Aufrichtigkeit lieben", wie es das Jubiläenbuch formuliert. Das entsprach beiden Empfindungen: sowohl dem Leiden an der eigenen Vergänglichkeit, als auch der generellen Empathie, die die Menschen wegen dieses Leidens entwickelt hatten. Der Einzelne wurde getröstet, die Empathie in Taten umgesetzt und zugleich der Wille Gottes erfüllt – zusammen erzeugte dies einen Einklang, der die Not übertönte und große Sicherheit verlieh. Offenbar hatten die Juden ihr Gesetz jetzt richtig verstanden und zur Harmonie mit Gott, den Menschen und dem eigenen Fühlen gefunden. Dadurch wurde die Liebe zum Inbegriff eines gottgerechten Lebens.

Als Wegweiser für diese Gefühlsumkehr hatte der alte Gottesbund gewirkt. Deshalb läßt sich die bisherige Frage genauer formulieren: können die beiden wesentlichen Schritte, Gefühlsumkehr und Hingabe gegenüber den Mitmenschen, auch ohne religiösen Glauben erfolgen, und was ersetzt heute den Glauben?

Selbstlose Selbstlosigkeit

Die Liebespflicht ist zwar Teil der christlichen Lehre, aber kein Objekt des Glaubens, das von der Wissenschaft in Frage gestellt wird. Daher bleibt sie zunächst aus eigener

Kraft bestehen. Ausgehend von den Kirchen, bestimmt sie noch immer die Moral in unserer Gesellschaft, und schon aus Konvention hält ein Nichtgläubiger normalerweise an ihr fest. Daß er ihr häufig auch innerlich treu bleibt, hat allerdings tiefere Gründe.

In erster Linie ist sie erfolgreich. Nächstenliebe dient allen zusammen, der Gesellschaft und jedem Einzelnen; wenn ihm geholfen wird, aber besonders, wenn er selbst hilft. Auch die Nichtgläubigen kennen die Freude des Gebens und genießen, außer dem Dank der Beschenkten, auch das Schenken an sich. Sie folgen ihrem Gefühl und versuchen weiterhin christlich zu handeln, was ja der Auslöser für diese Überlegungen war. Es ist die einzige Seligkeit, die ihnen vom Christentum verbleibt: keine Gewißheit des ewigen Lebens mehr, dafür aber die Menschenliebe, die Jesus eingefordert hatte und die unsere Kultur seither prägt.

Das Ideal bleibt bestehen und gewinnt noch an Bedeutung. Weil es vom säkularen Denken nicht angefochten wird, geht es nicht unter, sondern hält die Gesellschaft weiter zusammen. Wahrscheinlich ist seine Wirkung sogar stärker als früher, da es an das verlorene Gottvertrauen erinnert und zugleich eine noch reinere Haltung darstellt. Denn Nichtgläubige folgen keiner religiösen Lehre; sie praktizieren die Nächstenliebe aus freien Stücken und erleben als wahren Lohn nur ihr eigenes Fühlen.

Die Metamorphose findet wieder statt

Kein Glaube und keine fromme Pflicht mehr, dafür aber – wie bei der Erneuerung der alttestamentarischen Moral – der Einklang von Gefühl und Handeln. Damals ergänzten sich Mitleid und göttliche Weisung und erhoben die Liebe zum Ausdruck des Glaubens. Heute sind es Mitleid und anerkannte Moral, während die Liebe noch immer ein Maß alles Guten darstellt. Für Nichtgläubige ist sie der wahre Zweck ihrer Selbstlosigkeit. Die eigene Hingabe zu erleben, erfüllt und bestärkt sie – kaum anders vermutlich, als Christen von ihrem Glauben bestärkt werden.

Folglich ist auch heute die Umkehr vom passiven Mitleiden zur Nächstenliebe möglich, ähnlich wie im antiken Judentum. Anstelle der *Tora* lenkt jetzt die christliche Moral, die auch für Nichtgläubige noch gilt. Ganz wie damals gewinnen die Menschen Sicherheit aus dem überzeugenden Einklang, der entsteht, wenn sie andere trösten, dabei sich selbst und der Gesellschaft gerecht werden und zugleich die eigene Nächstenliebe spüren.

Die Rolle des Christentums

Wenn die Angst vor der Vergänglichkeit heute die gleiche Gefühlskette auslöst wie im Hellenismus, auch ohne Gottesglauben – wieso wird die Nächstenliebe dann nur in unserer Zivilisation betont? Warum reagieren andere säkulare Gesellschaften nicht ähnlich?

Weil sie anders geprägt sind. Weil in ihrem Regel-Repertoire keine Liebespflicht existiert, oder weil tiefer verwurzelte Vorschriften mit ihr konkurrieren. Im modernen China, beispielsweise, kennt man die christliche Pflicht und hat durchaus Respekt vor ihr. In der chinesischen Tradition ist aber nicht die Hingabe am tiefsten verankert, sondern das Ideal der Harmonie. Folglich stellt die Nächstenliebe kein gängiges Handlungsmuster dar; einem bedürftigen Fremden zu helfen, ist nicht in gleicher Weise *mainstream* wie im christlich geprägten Westen. Ein solches Handeln wird den Chinesen deshalb nur selten als Ventil dienen, obwohl auch sie längst die allgemeine Empathie kennen und aushalten müssen.

Daran zeigt sich, wie einzigartig die Moral unserer Zivilisation ist. Ihre Entstehung war kompliziert und keineswegs selbstverständlich. Der Mensch entwickelt Nächstenliebe nicht einfach deshalb, weil er allmählich seine Vergänglichkeit wahrnimmt. Sonst hätten die Griechen die neue Moral bereits nach Israel mitgebracht, als sie dort Einfluß gewannen. Zuerst aber mußte ihre Ernüchterung auf die Juden abfärben und diese, daraufhin, ihr Verhältnis zu Gott und den Menschen vollständig umkehren. Erst damit war die Nächstenliebe in die Welt gekommen. Wirklich verbreitet wurde sie allerdings von der Sekte der Christen, die nicht nur die Juden, sondern alle Menschen zum Seelenheil führen wollte.

Ein erstaunlicher Weg. Besonders erstaunlich erscheint, daß ausgerechnet ein Jenseitsglaube als Vehikel diente, der die Todesangst ja besänftigen und die Wurzel des neuen Gebotes dadurch kappen mußte. Er hat diese Wurzel aber sehr wirksam ersetzt: Nächstenliebe gilt als christliche Tugend par excellence. Sie braucht nicht erst durch Angst und Empathie erlernt zu werden, sondern geht mit der Gottesliebe einher. Das *Evangelium* hat das abendländische Ethos von seiner Herkunft losgelöst und auf eine zeitgemäße Grundlage gestellt: den Glauben an die Auferstehung. Auf diese Art geschützt, blieb das Ethos erhalten, obwohl sich das Umfeld bald drastisch veränderte. Während die Empfindsamkeit der Stadtkulturen für lange Zeit verlorenging, lebte der christliche Glaube fort und mit ihm die Nächstenliebe. So wurde, nur auf den Glauben gegründet, die vielleicht größte Errungenschaft der Antike weitergetragen – das Vermächtnis einer Zivilisation, die mit dem Römischen Reich untergegangen ist.

Inzwischen hat das Erbe zweitausend Jahre überdauert. Es bleibt äußerst lebendig und ist derart mit unserer Welt verwoben, daß es den christlichen Glauben als Stütze nicht mehr benötigt. Auch wenn, irgendwann, keiner mehr an ein Jenseits glauben sollte – auch dann dürfte die antike, christliche Prägung noch wirksam sein und, ähnlich wie die *Tora*, viele Menschen zu selbstlosem Handeln bewegen. Die zusätzliche Kraft, die aus dem Einklang von Empathie, Moral und Dankbarkeit entsteht, wird die Menschen auch weiterhin in ihrer Nächstenliebe bestärken.

Was vom Christentum bleibt

Nicht vom Glauben, sondern von der Angst hängt unser Liebesethos also ab. Das klingt ernüchternd, es zeigt aber vor allem, wie fest es verankert ist, und es verweist zudem auf seine wichtigste Funktion. Denn so wie Mythos und Gottesbund als Kokon fungiert hatten, so war auch der christliche Glaube ein Schutz vor der neuen Skepsis. Darauf beruhte sein großer Erfolg in der römischen Welt. Und selbst wenn dieser Aspekt später an Bedeutung verlor, war er sofort wieder relevant, sobald erneut kritisch gedacht wurde. Allerdings wirkt der Glaube seitdem auch überfordert: Erst wurde nur die Kirche reformiert, danach geriet er selbst unter Druck. Inzwischen könnte das Christentum, ähnlich wie unzählige andere Religionen, für viele eine Episode der Vergangenheit sein. Eine jüdische Sekte, die mit Erfolg auf die Vergänglichkeits-Angst der Antike reagiert hatte, die jedoch nicht ewig dem neu anwachsenden, rationalen Denken standhalten konnte.

So würde sie vielleicht tatsächlich gesehen, wenn Jesus nicht ein doppeltes Gebot verkündet hätte: nicht nur Gottes-, sondern auch Menschenliebe. Mit beiden hat das Christentum sein Schicksal verknüpft, und beide zusammen verkörpern es noch heute. Inzwischen sind die Rollen aber neu verteilt; der Gottesglaube wird immer seltener, während die Liebe weiterhin Pflicht ist – nicht gemäß kirchlicher Lehre, sondern im Einklang von Gefühl und Handeln, ähnlich wie die Juden es zuerst erlebt hatten.

Auch ohne Jenseitshoffnung trägt die Moral das antike Vermächtnis daher weiter. Sie dient als gemeinsamer Nenner unserer Zivilisation und verkörpert das Bleibende am Christentum. Vor allem übernimmt sie dessen wichtigste Aufgabe, da jetzt sie die Angst all jener besänftigt, die wieder in den Bann der eigenen Vergänglichkeit gezogen werden. Denn während der Glaube versiegt, kann das verbleibende Liebesgebot noch immer helfen: Es kann den Bann lösen, indem es zu Selbstlosigkeit und Hingabe gegenüber den Mitmenschen führt.

Zitatnachweise und Literaturhinweise[1]

Ein möglicher Zusammenhang

Apotheken Umschau, 18.9.2015: Für das Gros der Bundesbürger sind christliche Ideale ein wichtiges Erziehungsprinzip. www.presseportal.de/pm/52678/3125340 – Friedrich Nietzsche: Zur Genealogie der Moral. Leipzig 1887. (Zitat: Erste Abhandlung, 10.)

Griechenland oder Israel

Die Bibel. (Die Zitate entsprechen jeweils der Einheitsübersetzung: www.die-bibel.de/bibeln/online-bibeln/einheitsuebersetzung/bibeltext/) – Albrecht Dihle: Der Kanon der zwei Tugenden. Köln 1968.

Das klassische Athen

Christian Meier: Athen. Berlin 1993. (Zitat nach der Ausgabe von 2012: S. 162) – Werner Dahlheim: Die griechisch-römische Antike, Bd 1. Paderborn 1994

Griechische Besonderheiten

Homer: Ilias. Übersetzt von Roland Hampe. Stuttgart 1979. – Thukydides: Der Peloponnesische Krieg. Übersetzt v. J. F. C. Campe. Stuttgart 1856. (Zitate: 2,40,2; 2,40,1) – Euripides: Medea. Übersetzt von J. A. Hartung. München 1958, Zitat: Vers 1190–1194. – Aristoteles: Poetik, Kap. 6.

1 Internetquellen zuletzt abgefragt am 24.10.2018

Übersetzt von Theodor Gomperz. Leipzig 1897. – Pindar: Die Dichtungen und Fragmente. Übersetzt von Ludwig Wolde. Wiesbaden 1958.

Die Wirkung des Mythos
Ernst Jünger: Strahlungen II. München 1995. Tagebucheintrag vom 27. 5. 1944 – Sophokles: Antigone. Übersetzt von Wilhelm Kuchenmüller. Stuttgart 1955. (Zitat: Vers 45–46)

Das Mißverhältnis am Beispiel der Frauen
Thukydides: Der Peloponnesische Krieg. Übersetzt v. J. F. C. Campe. Stuttgart 1856. (Zitat: 2,45,2)

Der Beitrag des klassischen Griechenland
Aristoteles: Nikomachische Ethik. Übersetzt von Adolf Lasson. Jena 1909. (Zitat: Einleitung I.) – Hendrik Bolkestein: Wohltätigkeit und Armenpflege im vorchristlichen Altertum. Utrecht, 1939. – Andreas Voß: Betteln und Spenden. Berlin 1993.

Im Hellenismus
Graham Shipley: The Greek World after Alexander. London 2000 – Peter Scholz: Der Hellenismus. München 2015 – Alexander Demandt: Hellenismus – die moderne Zeit des Altertums? In: Hellenismus, Akten des Internationalen Hellenismus-Kolloquiums. Tübingen 1996.

Die Umwälzung durch den Alexanderzug
Xenophon: Des Kyros Anabasis, übersetzt von Helmuth Vretska. Stuttgart 1999. Zitat 3. Buch, Kapitel 2, 25 – Herondas, Mim. 1, 26–32. Übersetzt von Otto Crusius, 2. Auflage. Hildesheim 1967 – Patrick Sänger: Das *politeuma*: Ein antikes Integrationsmodell. In: https://sciencev2.orf.at/stories/1730104/index.html

Die Städte
Theresa Miller: Die griechische Kolonisation im Spiegel literarischer Zeugnisse. Tübingen 1997. – Strabon: Geographika. Übersetzt von Albert Forbiger. Stuttgart 1860. (Zitat: 795) – Theokrit: Idyllen 15. Übersetzt von E. Mörike und F. Notter. Stuttgart 1883.

Ai Khanoum als Beispiel
Rachel Mairs: The Founder's Shrine and the Foundation of Ai Khanoum. In: Foundation Myths in Ancient Societies, Philadelphia 2015. – Walter Posch: Baktrien zwischen Griechen und Kuschan. Wiesbaden 1995. – Reinhold Merkelbach und Josef Stauber: Jenseits des Euphrat. Leipzig 2005. (Zitate: S. 10 und 8)

Folgen des Mythos-Verlustes
Manfred Brauneck: Europas Theater. Reinbek 2012. (Diomedes-Zitat: 1. Das antike griechische Theater) – Hans-Joachim Gehrke: Geschichte des Hellenismus. München 2008. (Zitat des Aristophanes v. Byzanz: S. 93)

Ein neuer Kulturbetrieb
Helmut Wiemken: Der griechische Mimus. Bremen 1972. (Zitat: S. 14)

Mitleid
Pausanias: Reisen in Griechenland. Auf Grund der Übersetzung von Ernst Meyer. Düsseldorf/Zürich 2001 – Aristoteles: Rhetorik. Übersetzt von Gernot Krapinger, Stuttgart 2007 – Menander: Einzelverse, 602. (Zitat nach Ernst Lautenbach: Trost für Kranke. Berlin 2003) – Menander: Komödien, Band 1. Übersetzt von Peter Rau. Darmstadt 2013. (Habrotonon: in „Das Schiedsgericht")

Die Lücke zur Nächstenliebe
Hendrik Bolkestein: Wohltätigkeit und Armenpflege im vorchristlichen Altertum. Utrecht, 1939. – Albrecht Dihle: Der Kanon der zwei Tugenden. Köln 1968. – Hesiod: Erga. Übersetzt von Eduard Meyer, Halle 1924

Der Anstoß zur Aufwertung der Gefühle
Homer: Odyssee. Übersetzt von Kurt Steinmann, München 2016

Die Angst um das Ich
Epikur: Brief an Menoikeus, nach Diogenes Laertios. Übersetzt von Olof Gigon, Zürich 1983 – Axiochos: https://de.wikipedia.org/wiki/Axiochos

Ein neues Verständnis

Sophokles: Der rasende Aias. Übersetzt von J. A. Hartung, Leipzig 1851 – Menander: Komödien, Band 1. Übersetzt von Peter Rau, Darmstadt 2013

Die Stoa

Seneca: Epistulae morales. Übersetzt von Albert Forbiger, Stuttgart 1866

Erste Auswirkungen

Jenny Irving: Greek Women Classical to Hellenistic. graecomuse.wordpress.com/2013/01/11/greek-women-classical-to-hellenistic-a-brief-discussion-of-changing-factors/ – William L. Westermann: The Slave Systems of Greek and Roman Antiquity. Philadelphia 1955. – Stephen Hodkinson und Dick Geary (Hrsg.): Slaves and Religions in Graeco-Roman Antiquity and Modern Brazil. Newcastle 2012.

Die Juden

Martin Hengel: Judentum und Hellenismus. Tübingen 1967. – Ernst Haag: Das hellenistische Zeitalter. Stuttgart 2003.

Das Doppelgebot

Das Jubiläenbuch. Übersetzt von Paul Rießler. Augsburg 1928. (Wikisource) – Hillel der Ältere, nach Gerhard Schneider: Jesusüberlieferung und Christologie. Leiden 1992 (Zitat S. 173).

Die neue Sensibilität der Juden
David Flusser: Neue Sensibilität im Judentum und christliche Botschaft. In: Bemerkungen eines Juden zur christlichen Theologie. München 1984.

Der Weg zum Doppelgebot

Die Gottesliebe
Antigonos von Sokho, zitiert in David Flusser: Bemerkungen eines Juden zur christlichen Theologie, S. 37.

Das Christentum

Gerd Theißen: Das Neue Testament. München 2002.

Angaben zum Autor

Matthias Drescher, geboren 1959, ist in Italien aufgewachsen. Er hat Betriebswirtschaft sowie Philosophie und Geschichte studiert und lebt als Unternehmensberater und Autor in Berlin.

Zeitfracht Medien GmbH
Ferdinand-Jühlke-Straße 7
99095 Erfurt, Deutschland
produktsicherheit@kolibri360.de